Hugo Magnus

Die geschichtliche Entwicklung des Farbensinnes

Hugo Magnus

Die geschichtliche Entwicklung des Farbensinnes

ISBN/EAN: 9783743647046

Hergestellt in Europa, USA, Kanada, Australien, Japan

Cover: Foto ©ninafisch / pixelio.de

Weitere Bücher finden Sie auf **www.hansebooks.com**

DIE

GESCHICHTLICHE ENTWICKELUNG

DES

FARBENSINNES.

VON

Dr. HUGO MAGNUS,

PRIVATDOCENT DER AUGENHEILKUNDE AN DER UNIVERSITÄT BRESLAU.

———— — ————

LEIPZIG,

VERLAG VON VEIT & COMP.

1877.

Druck von Metzger & Wittig in Leipzig.

Vorwort.

Arbeiten, welche, wie die vorliegende, auf dem Grenzgebiete verschiedener Wissenschaften sich bewegen und deren endgültige Lösung daher nicht ein Zweig der Wissenschaft allein zu leisten vermag, bieten naturgemäss viel grössere Schwierigkeiten und Bedenklichkeiten, wie jene Arbeiten, welche innerhalb des bestimmten Rahmens einer einzigen wissenschaftlichen Disciplin liegen. Dies ist wohl auch der Grund, weshalb die modernen Naturwissenschaften im Wesentlichen nur die Entwickelung der anatomischen Form des thierischen Organismus geschichtlich zu untersuchen und festzustellen trachten; dagegen auf eine Untersuchung des geschichtlichen Entwickelungsganges, welchen die einzelnen Functionsäusserungen desselben im Laufe der Jahrhunderte zu durchlaufen gehabt haben, keine sonderliche Rücksicht nehmen. Wenn ich es nun versuche, eine Function unseres Körpers, nämlich den Farbensinn, in seiner geschichtlichen Entwickelung zu zeichnen: so wird es mir der Leser wohl nicht übel deuten, wenn ich ihn gleich im Beginn auf die bei einer derartigen Arbeit zu überwindenden Schwierigkeiten aufmerksam mache und ihn ersuche, im Hinblick auf diese Schwierigkeiten und auf den Umstand, dass die Vorarbeiten für meine Untersuchung nur äusserst spärliche sind, mit vorliegendem Versuch nicht zu scharf in's Gericht gehen zu wollen. Ich wage es daher, ihm den humanen

Grundsatz eines der alten Meister unserer Wissenschaft, Galen's, in das Gedächtniss zu rufen, welcher lautet:

καίτοι πολὺ ῥᾷον ἐξευρεῖν τι τῶν παροφθέντων, καὶ μέμψασθαι καὶ μεταθεῖναι, τοῦ πάντ᾽ ἐξ ἀρχῆς ἀμέμπτως κατασκευάσαι.

(De usu partium. Lib. X. Cap. 3. ed Kühn. B. III. p. 773.)

Breslau im März 1877.

Dr. H. Magnus.

Inhalt.

Erstes Kapitel.

In welchem Sinne sind wir berechtigt, von einer geschichtlichen Entwickelung der Sinnesorgane im Allgemeinen und des Farbensinnes im Besonderen zu sprechen?

Die geschichtliche Entwickelung der Functions- und Leistungsfähigkeit der verschiedenen menschlichen Sinne ist bisher kaum der Gegenstand einer eingehenden und ernsthafteren Untersuchung von Seiten der ärztlichen Forscher gewesen. Grade die medicinisch gebildeten Gelehrten haben es bisher eigentlich so gut wie ganz unterlassen, sich die Frage vorzulegen, ob in den verschiedenen Entwickelungsphasen, welche der Mensch von den ältesten Epochen der vorgeschichtlichen Zeit an bis auf unser modernes Zeitalter durchlaufen hat, die Leistungsfähigkeit der einzelnen Sinnesorgane gleichmässig dieselbe geblieben sei, oder ob nicht in den Functionsäusserungen derselben eine deutliche fortschrittliche Entwickelung bemerkt werden könne; so zwar, dass in den ältesten Zeitepochen der menschlichen Entwickelung die Thätigkeit der Sinnesorgane, verglichen mit der Höhe ihrer Ausbildung in der heutigen Zeit, eine nur rudimentäre genannt werden, ja für gewisse Functionsäusserungen derselben sogar ein vollständiges Fehlen angenommen werden müsse; dass also z. B. der Farbensinn in den prähistorischen Zeiten, sowie in den verschiedensten Perioden des Alterthums ein erheblich beschränkterer und weniger empfänglicher gewesen sei, als in den jüngsten Epochen der menschlichen Entwickelungsgeschichte. Denn so überraschend und befremdend auch der Gedanke, dass das Menschengeschlecht in den früheren und frühesten Perioden seiner Entwickelung auf einer wesentlich tieferen Stufe seines Sinnenlebens gestanden habe, wie heut zu Tage, und dass die gegenwärtige Leistungsfähigkeit der menschlichen Sinnesorgane nur als das Ergebniss einer langen, von den rudimentärsten und elementarsten Aeusserungen beginnenden Entwickelungsreihe aufzufassen sei; so überraschend und befremdend dieser Gedanke auch auf den ersten Blick sein mag, so verliert er doch bei näherer Betrachtung alsbald einen guten Theil seiner scheinbaren Kühnheit. Ja ich bin sogar der Ueberzeugung, dass man sich mit demselben ohne besondere Schwierigkeit, sogar ehe wir noch den streng wissenschaftlichen Beweis für denselben geführt haben, werde befreunden können, sobald wir uns nur erst über die verschiedenen Functionsäusserungen der einzelnen Sinnesorgane und vor Allem über deren Verhältniss zu einander eine klare Vorstellung gemacht haben werden, wie wir im Folgenden versuchen werden.

Für gewöhnlich neigt man der Ansicht zu, dass die Naturmenschen einer ganz besonderen Höhe der Leistungsfähigkeit ihrer Sinne sich zu erfreuen hätten. Der Wilde ist berühmt durch die ausserordentliche Feinheit seines Gehörs, seines Auges, seiner Nase u. s. w. Unter Berücksichtigung dieser Thatsache könnte man fast auf die Vermuthung kommen, als müsse naturgemäss der civilisirte Mensch in den frühesten Phasen seiner Entwickelung, wo er ja auf einer ähnlichen Stufe der Cultur, wie sie heute noch der Wilde einnimmt, stand, also ebenso dem Naturleben angehörte, wie noch heut zu Tage der Letztere, auch eine ähnliche Schärfe der Sinne besessen haben müsse. Allein dieser Einwurf hat für unsere Behauptung, dass das Sinnenleben in den ältesten Entwickelungsperioden der Menschheit ein rudimentäres und elementares gewesen sei, durchaus keine widerlegende Kraft. Denn mag der Mensch der prähistorischen Zeit immerhin in der Schärfe seiner Sinne eine ganz ausserordentliche Höhe der Vollendung, die unserer heutigen Generation vielleicht bereits wieder abhanden gekommen ist, erreicht gehabt haben, mag er den leisen Tritt des Wildes auf weite Entfernungen hin gehört, die Witterung seiner jagdbaren Beute vielleicht schon auf grosse Strecken hin gespürt und sein Jagdgebiet weithin mit seinem Auge beherrscht gehabt haben, dennoch vermögen wir hierin keine sonderlich hohe Ausbildung der Sinnesorgane überhaupt zu erblicken. Derartige Eigenschaften sind den Thieren auch eigenthümlich; das scheue Wild wittert seinen Verfolger gleichfalls schon auf weite Entfernungen hin, das Auge des Raubvogels durchdringt Entfernungen, welche dem Auge des Menschen verschlossen sind, und doch wird es keinem einfallen, behaupten zu wollen, dass die Thiere im Allgemeinen auf einer höheren, entwickelteren Stufe der Leistungswerthigkeit ihrer Sinnesorgane stünden, wie der Mensch. Jene scheinbar so überaus hohe und überraschende Stärke, wie wir sie an den Sinnesorganen vieler Thiere beobachten und bewundern, ist durchaus nicht ein Zeichen vorzugsweise vollkommener Gesammtentwickelung der Functionsthätigkeit der Organe; sie beweist vielmehr lediglich nur, dass die elementare Thätigkeit, so zu sagen der allgemeine Grundcharacter des betreffenden Organes in hohem Grade vervollkommnet ist; dass also z. B. die allgemeine Fähigkeit der Netzhaut, durch den Lichtstrahl in Erregung versetzt zu werden, hochgradig entwickelt; oder dass die Fähigkeit des Nervus acusticus, die Schallwellen zu empfinden, eine ausserordentlich feine und stark ausgebildete ist. Damit aber ist noch lange nicht gesagt, dass die Leistungsfähigkeit dieser Organe nun auch nach allen, aus ihrem allgemeinen Wesen bedingten einzelnen Empfänglichkeitsarten eine gleich hohe Stufe der Entwickelung erreicht haben müsse. Denn die Netzhaut kann sehr wohl schon von einer äusserst schwachen Lichtwelle erregt werden und auf dieselbe reagiren, ohne dass der Farbensinn oder der Sinn für die Schönheit der Form in irgend einer Weise ausgebildet ist. Ebenso mag das Ohr schon auf unglaublich ferne Strecken hin das geringste Geräusch vernehmen können, und doch fehlt ihm die Fähigkeit, die klangreichen und melodischen Tonfiguren der Musik zu verstehen oder auch nur als solche zu vernehmen. Genau das Gleiche gilt von der Thätigkeit der Nasenschleimhaut und Geiger [1]) äussert sich grade über diesen Punkt in sehr treffender Weise also: „Der Sinn der Witterung mittelst des Geruchsinnes ist wesentlich verschieden von der Empfindlichkeit für das Angenehme oder Unangenehme, das in der Geruchswahrnehmung selbst liegt, ja beide stehen vielleicht wechselseitig in umgekehrtem Verhältnisse. Für die Thierwelt springt dies von selbst ins Auge. Der Hund zeichnet sich durch Witterungsvermögen aus: aber so viel Schönes und Menschenähnliches im Uebrigen von diesem Thiere gerühmt zu werden pflegt, so möchte doch der grösste Verehrer desselben schwerlich in Versuchung gerathen, seinen Hund mit einem Blumenstrausse zu erfreuen."

Wenn wir demnach die einfachste, specifische Thätigkeit eines jeden Sinnesorganes, also bei dem Auge die Perception des Lichtstrahles, bei dem Ohr die Wahrnehmung der Schallwellen u. s. w. als dessen elementare Leistungsfähigkeit bezeichnen, alle anderen Functionsäusserungen aber, wie das Erkennen verschiedener Farben in dem die Netzhaut treffenden Licht, oder die Wahrnehmung melodischer Klangfiguren, die Unterscheidung angenehm duftender Gerüche u. s. w. als höhere Functionsäusserungen auffassen: so behaupten wir, dass eben diese höheren Functionsäusserungen nicht von jeher den Sinnesorganen eigenthümlich gewesen seien, sondern dass sich dieselben im Lauf der Entwickelung des menschlichen Geschlechtes erst ganz allmählich herausgebildet haben: dass also in gewissen Phasen unserer Entwickelungsgeschichte die Sinnes-

---

1) Geiger. Zur Entwickelungsgeschichte der Menschheit. Stuttgart 1871. Vorlesung III. p. 56.

1 *

organe nur auf die einfachsten Functionsäusserungen, die wir vorhin die
elementaren nannten, beschränkt gewesen seien und somit also das Auge
zu einer gewissen Zeit nur im Stande gewesen sei, das Licht als solches
zu empfinden, ohne zugleich die Färbung desselben als eine gesonderte
Wahrnehmung von der Lichtempfindung zu unterscheiden. Genau das
Gleiche gilt auch von dem Ohr; auch dieses vermochte in gewissen
Phasen der menschlichen Entwickelungsgeschichte nur den Ton als solchen
zu vernehmen, ohne ein Verständniss zu haben für den Wohllaut und
melodiöse Verbindungen; Reissmann[1]) characterisirt diese älteste Epoche
unserer Tonempfindung mit folgenden Worten: „Der Gesang konnte überall
Anfangs kaum mehr sein als ein eintöniges, durch die Macht eines
energischen, aber gewiss ebenso einförmigen Rhythmus, belebtes Summen
und Brummen." Eine ähnliche Ansicht über die Entwickelung des Ge-
hörsinnes finden wir bei dem genialen Sprachphilosophen Geiger,[2]) wenn
derselbe sagt: „Auch der Sinn für Wohllaut, die Lust der Gehörempfin-
dung hat eine ähnliche Geschichte. Dieser Sinn ist der Menschheit nicht
angeboren. Der Mensch singt nicht, wie der Vogel singt, der in den
Zweigen wohnt; es gibt ebensowenig einen Naturgesang, als es eine
Naturplastik gibt." Auch für den Geruchsinn hat Geiger[3]) einen gleichen
Entwickelungsgang nachgewiesen; er lässt sich über diesen Punkt, wie
folgt, vernehmen: „Auch der Sinn für Wohlgeruch — diese Bemerkung
wird vielleicht als Analogie für die den Gesichtssinn betreffenden Fragen
nicht ganz unbrauchbar gefunden werden, — auch der Sinn für Wohlgeruch ist nicht von jeher in der Menschheit vorhanden gewesen. Der
Gebrauch des Räucherwerkes beim Opfer gehört (im Gegensatz zu dem
jüngeren Jadschurveda) dem Rigveda noch nicht an. Unter den biblischen
Büchern tritt der Sinn für Blumenduft erst in dem Hohenliede hervor.[4])
Im Paradiese standen nach der Schilderung der Genesis alle Arten von
Bäumen, „die lieblich zum Sehen und gut zum Essen waren." Das in
äthiopischer Uebersetzung vorhandene apokryphische Buch Henoch (aus
dem letzten vorchristlichen Jahrhundert oder noch etwas später) schildert
das Paradies ebenfalls, aber es unterlässt nicht, den herrlichen Duft des

---

[1]) Reissmann. Allgemeine Geschichte der Musik. München 1863. B. I.
Buch 1. p. 14.
[2]) Geiger. Zur Entwickelungsgeschichte der Menschheit. Stuttgart 1871. p. 56.
[3]) a. a. O. p. 55 u. 56.
[4]) Vgl. H. L. 2, 13. 7, 14. Uebrigens würde das H. L. als Ganzes betrachtet,
wegen der Erwähnung Thirza's im Sinne der Residenzstadt des Zehnstämmereiches
(c. 6, 4) etwa dem zweiten Drittel des zehnten vorchristlichen Jahrhunderts angehören. S. de Wette-Schrader, Lehrb. d. hist.-krit. Einleit. in's Alte Test. Berlin
1869. S. 560 f.

Baumes der Erkenntniss sowie anderer Paradiesesbäume zu preisen.[1]) Dass der Sinn für Wohlgeruch nicht ursprünglich ist, lässt sich auch sprachlich nachweisen; und obwohl es nicht immer gerathen sein mag, die Entwicklung des Kindes mit der Entwicklung des Menschengeschlechtes in eine genaue Parallele zu bringen, so ist es doch in diesem Falle lehrreich zu bemerken, wie gleichgültig Kinder für Wohlgeruch, und selbst Missgeruch, lange Zeit zu bleiben pflegen." Soweit unser Gewährsmann Geiger.

Nachdem wir in dem Vorgehenden auseinandergesetzt haben, dass wir, sprechen wir von einer geschichtlichen Entwickelung unseres Sinnenlebens, nicht die allgemeine, elementare Thätigkeit eines jeden Sinnesorganes schlechtweg, also z. B. die Perception des Lichtes als solche u. s. w. verstehen, sondern nur die Entwickelung der höheren Functionsäusserungen verfolgen wollen, wird der leitende Gedanke, welchen wir unserer Untersuchung zu Grunde legen werden, wohl auch klar und scharf hervortreten. Wir beabsichtigen zu untersuchen, wann und unter welchen Verhältnissen die menschliche Netzhaut an dem sie treffenden und erregenden Lichtstrahl neben der Empfindung des Lichtes auch noch die der Farbe wahrgenommen hat und unter welchen Verhältnissen ferner das Unterscheidungsvermögen für die einzelnen Farben sich entwickelt haben dürfte.

Nachdem wir solchergestalt den Zweck und die Absicht unserer Arbeit kurz dargelegt, erübrigt nur noch, den Gang, welchen wir im

---

[1]) Das Buch Henoch gehört nach Dillmann: „Das Buch Henoch. Uebersetzt und erklärt. Leipzig 1853. S. XLIV." etwa in die Zeit von 120—115 v. Chr. Die Stelle über das Paradies, welche Geiger meint, findet sich, wie mir mein Vater, der ord. Prof. der Orientalischen Sprache an der Universität zu Breslau mittheilt, im Aeth. Texte bei Dillmann: Liber Henoch, Aethiopiæ Lips. 1851. p. 18, cap. 32 und lautet nach Dillmann's Uebersetzung a. a. O. S. 16. Kap. 32: „Und nach diesen Wohlgerüchen, als ich gegen Norden blickte, sahe ich sieben Berge, voll von köstlicher Narde und wohlriechenden Bäumen — — — —. Und ich kam in den Garten der Gerechtigkeit [das Paradies] und sahe eine bunte Fülle jener Bäume, viele und grosse Bäume dort wachsen, wohlduftend, gross, sehr schön und herrlich, und den Baum der Weisheit, — — — der Duft des Baumes verbreitet sich und dringt weit hin." Uebrigens bietet eine fast noch schlagendere Beweisstelle über den fraglichen Gegenstand die, einige Kapitel frühere Beschreibung des, — aber bei Henoch ausserhalb des Paradieses befindlichen Lebensbaumes (s. darüber Dillm. Uebers. S. 129) — im Aeth. Texte p. 16. c. 24 f. u. der Uebers. S. 14 f.: Alle sieben Berge glichen „einem Thronsitze, der umgeben war von wohlriechenden Bäumen. Und unter ihnen war ein Baum, wie ich noch nie einen gesehen hatte, weder von jenen, noch von andern; noch kam dem seinigen irgend ein anderer Duft gleich." — — — S. 15 oben: „Und diesen Baum von köstlichem Geruch ist keinem einzigen Sterblichen erlaubt anzurühren" u. s. w.

Lauf derselben einschlagen wollen, mit einigen Worten zu skizziren. Die Medicin hat, wie wir bereits im Anfang dieses Kapitels angedeutet haben, derartige Untersuchungen, wie die uns hier beschäftigende, bis jetzt eigentlich so gut wie gar nicht in den Kreis ihrer Thätigkeit gezogen. Doch sind wir weit davon entfernt, ihr aus diesem Umstand irgend welchen Vorwurf machen zu wollen, vielmehr sind wir im Gegentheil der Ansicht, dass die Medicin mit ihren Hülfswissenschaften allein überhaupt nicht die Lösung einer solchen Frage zu vollbringen im Stande sei. Denn eine jede derartige Aufgabe, mag sie nun sich auf gewisse Functionsäusserungen des Auges, oder des Ohres, oder der Nase u. s. w. beziehen, verlangt in erster Linie vor Allem eine möglichst genaue Durchforschung der älteren und ältesten Literatur der verschiedensten Völker. Die auf diesem Wege gewonnenen Aufschlüsse, verglichen mit den Angaben, welche wir in der Literatur der späteren Generationen finden, vermögen der Medicin allein den sicheren Boden zu gewähren, auf dem sie ihre Schlüsse aufzubauen und Gesetze zu entwickeln vermag. Es sind also alle derartigen Fragen nur dann mit Erfolg zu lösen, wenn sich Sprach- und Naturwissenschaft schwesterlich die Hand reichen. „Hier berühren sich," so bemerkt Geiger sehr treffend, „die Resultate der Sprachwissenschaft aufs Entschiedenste mit denen der Physik und Physiologie." Und damit ist uns denn auch der Weg vorgezeichnet, den wir zu wandeln haben, wollen wir anders ein wirklich verlässliches, wissenschaftlich wohl begründetes Resultat erzielen. Vor Allem aber müssen wir von der Sprachwissenschaft genügende Aufschlüsse zu erlangen suchen, um dann mit Hülfe dieser unsere physiologischen Schlüsse zu ziehen.

Zweites Kapitel.

Die Kenntniss der Farben in den verschiedenen Entwickelungsphasen des Menschengeschlechtes.

Wie wir bereits am Schlusse des vorigen Kapitels ausführten, können wir uns eine sichere und erschöpfende Kenntniss von dem Zustand, von dem Umfang und der Leistungsfähigkeit des Farbensinnes in den verschiedensten Entwickelungsperioden des menschlichen Geschlechtes nur dadurch verschaffen, dass wir die Literatur bis in die ältesten Zeiten zurück grade mit Rücksicht auf diesen Punkt gewissenhaft durchforschen und zu ergründen suchen, welche und wie viele Farben von den Dichtern und Schriftstellern jener Zeit gekannt waren und von ihnen genannt werden? Doch bei Beantwortung dieser so ungemein wichtigen Frage stellt sich uns sogleich schon eine nicht unbedenkliche Schwierigkeit in der Frage entgegen, wie wir die verschiedenen Farben eintheilen sollen? Die heute allgemein übliche, von Newton eingeführte Eintheilung derselben in die sieben Farben des Prismas ist für unsere Zwecke in keiner Weise brauchbar. Denn da der Farbensinn in den verschiedenen Entwickelungsphasen des Menschengeschlechtes durchaus nicht immer derselbe war und ein und dieselbe Farbe, z. B. Blau, nicht zu allen Zeiten von der menschlichen Netzhaut in der gleichen Weise empfunden wurde: so dürfen wir natürlich auch nicht ein Farbenschema, welches nur der gegenwärtigen Ausbildung des Farbensinnes entspricht und lediglich dem grade jetzt vorhandenen Unterscheidungsvermögen für Farben seine Entstehung verdankt, als für alle Zeiten gleich massgebend und gleich richtig gelten lassen wollen. Mit wie grossem Unrecht vielmehr wir die sieben Newton'schen Farben des Spectrums unserer Betrachtung zu Grunde legen würden, geht schon daraus hervor, dass in gewissen Zeiten die menschliche Netzhaut gar nicht soviel Farben an dem Spectrum, wie wir heut zu Tage, unterschied. So sieht Xenophanes [1] nur drei Farben in dem

---

[1] Mullach. Fragmenta philosophorum graecorum. Parisiis 1860. Vol. I. p. 103.

Regenbogen und zwar hauptsächlich nur solche, welche dem lichtreichen
Ende des Spectrums angehörig oder nahe verwandt sind; denn er sagt:
῏Ην τ᾽ ῏Ιριν καλέουσι νέφος καὶ τοῦτο πέφυκε πορφύρεον καὶ φοινίκεον
καὶ χλωρὸν ἰδέσθαι: „Was sie aber Iris nennen ist eine Wolke purpurn,
roth und gelblich grün." Auch zu den Zeiten des Aristoteles konnte
die menschliche Netzhaut an dem Regenbogen noch nicht die grosse
Anzahl von Farben unterscheiden, welche das Auge unserer heutigen
Generation mit Leichtigkeit in dieser Naturerscheinung zu erblicken vermag. Denn Aristoteles [1]) nennt den Regenbogen ausdrücklich nur τρίχως,
und unterscheidet genauer: roth φοινικός, grün πράσινος und blau ἀλουρ-
γός; obgleich er noch einen vierten Farbenton zwischen roth und grün
liegend angenommen zu haben scheint, da er [2]) ausdrücklich sagt:
„Zwischen roth und grün erscheint oft gelb, τὸ δὲ μεταξὺ τοῦ φοινικοῦ
καὶ πρασίνου φαίνεται πολλάκις ξανθόν". [3]) Auch die alten nordischen
Völker waren, nach der Versicherung Geiger's, [4]) noch nicht im Stande,
im Prisma mehr als drei Farben zu unterscheiden; wenigstens wird der
Regenbogen in der Edda nicht als eine vielfarbige, sondern als eine nur
dreifarbige Brücke geschildert.

Diese Beispiele mögen genügen, um zu beweisen, dass wir bei unserer
Untersuchung schlechterdings nicht von den, seitens der modernen Physik
am Prisma unterschiedenen und fixirten Farben ausgehen dürfen und
nimmermehr wird es, falls wir dem wirklichen Sachverhältnisse nicht

---

[1]) Meteorologica. III. 4. 375.

[2]) Meteorol. III. 2. 372.

[3]) Dabei ist jedoch wohl zu beachten, dass Aristoteles diese vierte Farbe des
Regenbogens, das Gelb, nicht als einen wirklichen, objectiven Theil desselben ansah,
sondern sie vielmehr blos zu den subjectiven Farbenempfindungen rechnete. Denn
die gelbe Farbe entsteht nach seiner Anschauung nur aus dem Grunde in dem
Regenbogen, weil auf dem schwarzen Hintergrund der Wolken Roth, dicht neben
Grün gestellt, heller erscheint und weil, wie er glaubt, das von dem dunkeln Licht
gesättigte Auge aus dem Rothen nur die Empfindung der Helligkeit, nicht die der
Farben aufnehme. Meteor. III. 4. 375. Mithin würde hiernach Aristoteles das Gelb
des Regenbogens eigentlich nur als eine Complementärfarbe aufgefasst haben. Ueberhaupt stehen seine optischen Anschauungen und Vorstellungen theilweise auf einer
wirklich staunenswerthen Höhe. Jedoch, da wir auf diese Verhältnisse an einem
anderen Ort ausführlicher einzugehen gedenken: so wollen wir hier nur die Bemerkung anfügen, dass man in den Werken des Aristoteles bereits ganz unzweifelhafte
Spuren der heute giltigen Undulationstheorie findet und dass man auch schon den
Versuchen begegnet, seine der modernen Undulationstheorie äusserst nahe kommenden
Anschauung zur Erklärung gewisser Farbenerscheinungen zu verwerthen. Man vergleiche: Prantl. Aristoteles über die Farben. München 1849.

[4]) Geiger. Ursprung und Entwickelung der menschlichen Sprache und Vernunft. Stuttgart 1872. Band 2. Buch 3. p. 366.

einen völlig ungerechtfertigten Zwang anthun wollen, gelingen, die Farben und Farbenbezeichnungen der frühesten historischen Epochen in ein Schema hineinzudrängen, welches dem Farbensinn eben nur der modernen Welt Rechnung trägt. Ein Jeder, der bisher einen derartigen Versuch gewagt und es unternommen hat, die im Alterthum üblichen und gebräuchlichen Farbenbezeichnungen unter allen Umständen auf bestimmte Farbentöne des Prismas zurückzuführen und mit ihnen zu identificiren, hat es empfinden müssen, dass er sich mit einem solchen Beginnen nur einer ebenso fruchtlosen, als mühevollen Sisyphusarbeit unterzogen hat. Deshalb erfreut sich auch das Kapitel der Farben bei den klassischen Philologen keiner sonderlichen Beliebtheit und in keinem Punkt ist die lateinische und griechische Lexicographie unzuverlässiger und mangelhafter, als grade in der Deutung und der Erklärung der antiken Farbenbezeichnungen.

Um dieser Schwierigkeit aus dem Wege zu gehen, habe ich mich im Verlauf meiner Arbeit nicht an das hergebrachte und jetzt allgemein übliche Farbenschema des Spectrums gehalten, sondern eine andere, wie es mir scheint, auch den Vorstellungen der alten Welt gerechter werdende Eintheilung gewählt. Wir werden unsere Untersuchung über den Zustand des Farbensinnes während der verschiedenen historischen Perioden in der Weise führen, dass wir die Farbenkenntniss der Alten nach dem Lichtreichthum der Farben betrachten; im Besonderen zuerst die lichtreichen Farben, welche im Spectrum von roth bis grün sich erstrecken, prüfen, an diese eine Untersuchung über die Kenntniss und Beurtheilung der Farben, die eine mittlere Lichtstärke haben, schliessen und endlich die Betrachtung der lichtschwachen Farben, entsprechend dem prismatischen Blau und Violett, folgen lassen.

§. 1. Die lichtstarken Farben, entsprechend den prismatischen Farben Roth, Orange, Gelb.

Die Empfänglichkeit, das Empfindungsvermögen für die lichtreichen, dem rothen Ende des Spectrums angehörenden Farben, also besonders für Roth und Gelb, lässt sich bis in die ältesten historischen Zeiten zurückverfolgen. In Perioden, wo alle Farbenandeutungen vermisst werden, begegnen wir immer noch den Bezeichnungen für Roth und Gelb. Doch scheint das Gelb dieser Epochen nicht mit dem gelben Farbenton unseres modernen Spectrums identisch zu sein, sondern gehen die Wörter, welche gelb bezeichnen, nach den umfassenden und bahnbrechenden Untersuchungen Geiger's, aus Sprachwurzeln, von welchen das Gold benannt zu werden pflegt, aus Gelbroth und Rothbraun hervor. Dagegen

ist die Bezeichnung für Roth in jenen Zeiten von dem Begriff des
Weissen noch kaum gesondert. Kurz, wir haben in diesen ältesten An-
fangsphasen des Farbensinnes nur Bezeichnungen, welche neben dem
Lichtmangel, dem Schwarz, den Lichtreichthum zu kennzeichnen suchen.
Daher unterscheiden die damaligen Zeiten, — als deren literarische Reste,
nach Geiger,[1]) die ächten Rigvedalieder gelten dürften, — an jedem
Lichtstrahl vorzüglich nur dessen Lichtmenge dergestalt, dass wenn dieselbe eine nur geringe war, sie dies als schwarze Färbung, wofern dagegen eine bedeutende, sie dies als eine Farbenempfindung auffassten,
welche dem heutigen Roth entsprochen zu haben scheint. Doch war
sogar auch diese Farbenempfindung immer noch eine höchst rudimentäre, so dass in ihr der speciellere Farbencharacter im Verhältniss zur
Lichtstärke nur eine noch sehr untergeordnete Rolle spielt. Dies erhellt
augenscheinlich schon daraus, dass man damals die Begriffe von Weiss,
d. h. dem ausgesprochenen Lichtreichthum, und von Roth, noch nicht
durch eigene und scharf gesonderte Bezeichnungen zu trennen wusste,[2])
und daher Geiger[3]) mit Recht bemerkt, dass das „Weiss in diesen Liedern
(den ächten Rigvedaliedern) von roth noch kaum gesondert worden sei."
Wir können deshalb diesem unsern genialen und verdienstvollen Ge-

---

[1]) Geiger. Zur Entwickelungsgeschichte u. s. w. Vortrag III. p. 57.

[2]) Obwohl wir im weiteren Verlauf unserer Untersuchung auf die anfängliche
Entwickelungsphase des Farbensinnes noch ausführlich zu sprechen kommen werden und den ursprünglichen Entwickelungsgang desselben, soweit dies überhaupt
möglich sein dürfte, nachzuweisen gedenken: so wollen wir doch schon hier die
vorläufige Bemerkung machen, dass wir in der Lichtstärke eines jeden Farbentones das ursächliche Moment für die schliessliche Empfindung dieser Farbe als
solche zu erkennen geneigt sind.

Es wurde nämlich an dem Roth, wie dies auch die im Text gegebenen Aus-
einandersetzungen darthun, ursprünglich nur der Lichtreichthum dieser Farbe im
Gegensatz zu anderen Farben, z. B. dem Grün oder Blau, unterschieden und aus jener
intensiveren Lichtempfindung eine besondere Art des Empfindungsvorganges erzeugt.
Diese besondere Art des Empfindungsvorganges wurde aber Anfangs noch nicht mit
Präcision und vollster Entschiedenheit als Farbenton angesehen, man war noch
nicht dazu gelangt, Lichtquantität und Lichtqualität als zwei gesonderte und durchaus selbständige Factoren streng von einander zu scheiden. Deshalb vermischte
man, wie dies ja die Rigvedalieder eben darthun, noch vielfach die Begriffe des
lichtreichen Weiss mit der Farbenbezeichnung des Rothen. Erst allmählich gelangte
man dazu, diese beiden Momente unter allen Umständen mit der erwünschten Ge-
nauigkeit von einander zu trennen, und damit war denn die Stufe erreicht, auf
welcher man die Farben Roth und später auch Gelb aus dem Begriff des lichtreichen
Weiss, in welchen sie bis dahin aufgegangen waren, mit aller Entschiedenheit aus-
schied und als besondere Empfindungsvorgänge in der Netzhaut erkannte und be-
urtheilte.

[3]) a. a. O. p. 57.

währsmann auch in der ferneren Annahme nur beistimmen, dass der
Dualismus von Schwarz und Roth als die erste und primitivste Epoche
alles Farbensinnes angesehen werden müsse. Nur möchten wir uns
physikalisch etwas exacter und genauer in der Weise ausdrücken, dass
der Dualismus von Schwarz, d. h. der Empfindung des Lichtlosen, resp.
Lichtarmen und von Roth, d. h. der Empfindung des Lichtreichen, die
erste primitivste Epoche gebildet habe, während welcher der Farbensinn
in allmählichen Uebergängen sich dergestalt zu entwickeln begann, dass
zuerst die lichtstarken Farben, Roth und Gelb, ihrem vollen Farbenwerthe nach erkannt und unterschieden wurden.

Die Epoche, in welcher der Farbensinn wesentlich nur in dem
Empfindungsvermögen für Roth und Gelb bestand, alle anderen Farbentöne aber noch nicht als gesonderte und selbständige Modificationen der
Empfindung sich geltend machten, vielmehr noch in dem Begriff der
Lichtquantität enthalten waren und in demselben vollständig aufgingen,
lässt sich historisch ohne grosse Mühe bestimmen. Denn gerade für
diese Zeit erhalten wir über unsern Gegenstand durch die Werke Homer's
eine sehr belehrende und genaue Unterweisung. Die Farbenbestimmungen,
welche wir in den homerischen Gedichten vorfinden, beweisen es auf's
Deutlichste, dass damals die menschliche Netzhaut im Wesentlichen darauf
beschränkt war, nur die lichtreichen Farben ihrem wirklichen Farbenwerth nach zu erkennen und zu empfinden; während die Farben von
mittlerer und geringerer Lichtstärke, also Grün, Blau und Violett, wie
wir alsbald ausführlicher erörtern werden, sich noch nicht durch einen
besonderen Empfindungsact dem Auge bemerkbar machten, sondern das
Grün mit dem Begriff des Fahlen, Gelblichen — χλωρός — das Blau
und Violett mit dem des Dunklen — κυάνεος — zusammenfielen. Der
Gebrauch von Ausdrücken für die prismatischen Farben tritt, wie dies
bereits Gladstone[1]) auf das Sicherste nachgewiesen hat, in den homerischen
Werken überhaupt vollständig zurück; während dagegen die Beziehungen,
welche die verschieden gefärbten Gegenstände eben in Folge dieser ihrer
verschiedenen Färbung zu der Lichtstärke, dem absoluten Lichtreichthum,
zeigen, durch zahlreiche, vielfach wechselnde Bezeichnungen zum Ausdruck gelangen. Λευκός hell, μαρμάρεος flimmernd, γλαυκός glänzend,
σιγαλόεις blank, αἰόλος bunt, ἀργός hell schimmernd, φαεινός strahlend,
αἴθοψ funkelnd, αἴθων funkelnd, μέλας schwarz, dunkel, πολιός grau,
weisslich, sind alles Ausdrücke, mit welchen nur die mehr oder minder
sich bemerkbar machende Lichtstärke bezeichnet werden soll. Diese

---

1) Gladstone. Studies on Homer and the Homeric age. Oxford 1858.
Vol. III. IV. Aiodos. Sect. IV.

Eigenthümlichkeit Homer's und seiner Zeit, an den Farben mehr die Lichtquantität als die Lichtqualität zu empfinden und durch Ausdrücke zu kennzeichnen, welche eben mehr den von der Netzhaut empfundenen stärkeren oder schwächeren Lichtreiz andeuten, als die betreffende Farbenvorstellung genauer characterisiren sollen, schildert Gladstone a. a. O. sehr treffend in zwei Stellen, deren die eine lautet:[1] „Of light, shadow and darkness thus regarded, Homer had lively and most poëtical conceptions. This description of objects by light and its absence tax his materials to the uttermost. His iron-grey, his ruddy, his starry heaven, are so many modes of light. His winecoloured oxen and sea, his violet sheep, his things tawny, purple, sooty, and the rest, give us in fact a rich vocabulary of words for describing what is dark so far as it has colour, but what also varies between dull and bright, according to the quantity of light playing upon it. Here (for example) is the link between his αἴθοψ κάπνος and his αἴθοψ οἶνος." Die andere Stelle[2] besagt: „As a general proposition, then, I should say that the Homeric colours are really the modes and forms of light, and of its opposite or rather, negative, darkness."

Diese Eigenthümlichkeit aber, an den einzelnen Farben weniger den Character derselben, als vielmehr ihren Lichtgehalt zu unterscheiden, zeigt in der homerischen Zeit insofern schon einen ganz unverkennbaren Fortschritt, als die Empfindung für Roth und Gelb bereits vollständig entwickelt und aus dem Begriff des Lichtreichen, mit dem sie früher verschmolzen war, gänzlich ausgeschieden ist.[3] Ja die Empfänglichkeit für

---

[1] p. 490.

[2] p. 489.

[3] Dieser auffallende Farbenmangel in den homerischen Werken, sowie das Bestreben, an den Gegenständen nicht sowohl den Farbencharacter als vielmehr den Lichtreichthum zu schildern, ist philologischer Seits zwar anerkannt worden, doch sind wir mit den Erklärungen dieser Erscheinung, wie sie von mehreren namhaften Philologen und Aesthetikern versucht worden ist, in keiner Weise einverstanden. Wenn z. B. Döring (Commentationes Orationes Carmina latino sermone conscripta. Norimbergae 1839. V. p. 88) sagt: „Hoc autem primum satis constat antiquissimis temporibus cum Graecos tum Romanos multis colorum nominibus carere potuisse, quibus posterior aetas, luxuriae instrumentis in infinitum auctis, nullo modo supersedere potuit. A multiplici enim et magna illa colorum in vestibus, aedificiis et aliis operibus varietate, quam posthac summo studio sectati sunt molliores et delicatiores homines, abhorrebat austera rudium illorum hominum simplicitas," so müssen wir gestehen, dass wir, bei aller Hochachtung vor den philologischen Kenntnissen dieses Autors, doch in dem Gesagten keinerlei Erklärung zu finden vermögen, welche einen naturwissenschaftlich geschulten Mann zu befriedigen im Stande wäre. Denn wir können uns nicht verhehlen, dass von einem Versuch, die eigenthümliche Farbenarmuth gewisser Perioden des griechischen

diese Farbentöne muss sogar schon einen recht hohen Grad der Entwickelung erreicht gehabt haben; da man gerade für sie verschiedenen Bezeichnungen begegnet, nämlich den Wörtern: ἐρυθρὸς roth, φοίνιξ purpurroth, ξανθὸς gelb, πορφύρεος purpurfarbig. Nach diesen verschiedenen Ausdrücken zu schliessen, scheint man aber damals in der That bereits

und römischen Alterthums auf physiologische Gründe zurückzuführen und durch solche verständlich machen, in der Döring'schen Erklärung nicht die Rede ist. — — Das eben Gesagte gilt genau auch von der Erklärung, welche der bekannte Aesthetiker Vischer (Aesthetik. Stuttgart 1851—1857) gibt, wenn derselbe sagt: „Die Gebilde, welche die Dichtkunst vor unsere Phantasie führt, haben allerdings auch Farbe, über Homers Welt wölbt sich der tief blaue Himmel des Südens und glänzt alles Leben in glühendem Sonnenlichte. Allein wenn alle Züge der Erscheinung, wie sie nur der innerlichen Sinnlichkeit vorschwebt, unbestimmter werden, so gilt dies doch mehr von der Farbe, als vom Umriss; dieser zeichnet sich deutlicher und schärfer vor das Auge der Einbildungskraft, weil er Linie ist. Es ist ungleich mehr Umriss- als Farbenfreude, was wir bei Homer's Gebilden als Objecte des inneren Sehens geniessen." Denn mag auch Schuster (Homer's Auffassung und Gebrauch der Farben, nebst Erläuterung eines epischen Stilgesetzes; in: Mützell. Zeitschrift für das Gymnasialwesen. Jahrgang XV. B. 2. p. 725 ff.) für obige Behauptung Vischers, dass dem Dichter nothwendigerweise die Umrisse seiner Gestalten mehr auffallen mussten, als die Farbe derselben und dass aus diesem Grunde auch Homer so farbenarme Bilder entworfen habe, eintreten und ihre Wahrheit für erwiesen erachten: so beweisst schon der Umstand, dass Homer in der Schilderung der verschiedenen Lichteffecte, sowie in der Characterisirung der Lichtfülle so ausserordentlich zahlreicher und treffender Ausdrücke sich bedient, zur Genüge, dass die Vischer'sche Erklärung durchaus nicht stichhaltig und beweiskräftig sein könne. Denn die Ursachen, welche den Homer dazu veranlassten, so farbenarme Schilderungen zu entwerfen und wesentlich nur der lichtreichen Farbentöne zu gedenken, sind eben weder ästhetische, noch in dem Wesen der Dichtkunst überhaupt oder gar in der Individualität des Dichters liegende, sondern sie beruhen ausschliesslich nur in der Eigenthümlichkeit des damaligen Menschen, in den physiologischen Bedingungen und Forderungen des damaligen Farbensinnes. Darum können wir auch Marg (De usu et significatione epithetorum quorundam colores indicantium. Programm des königl. Gymnasiums zu Bromberg. 1857. §. 7. p. 18) nur Recht geben, wenn er sagt: „Felicissima illa ratio, qua poëtae colorum nomina cum diversissimis rebus et ipsis abstractis notionibus conjunxerunt, non singulorum est opus, sed coorta ex ingenio et natura populi excolebatur a poëtis, inventa non est."

Unser besonderes Befremden erregt es aber, wenn Steinthal (der Ursprung der der Sprache. Berlin 1877. p. 208) diese auf den sichersten Forschungen beruhenden Eigenthümlichkeiten des Farbensinnes der homerischen Zeit vollkommen ignorirt und die Behauptung aufstellt: „Waren also die Sänger der Ilias, der alten indischen Hymnen gesunde Menschen, so ist es Tautologie, zu sagen, dass in ihren Gesichtorganen alles ebenso verlief, wie in den unsrigen; wäre letzteres nicht, nun so wären sie keine Menschen gewesen." Es scheint hiernach fast so, als ob Herr Professor Steinthal die wissenschaftlichen Forschungen eines Gelehrten wie Gladstone u. A. absichtlich übersehen, nur um die von ihm so angefeindete Entwickelung

gewisse Unterschiede zwischen den verschiedenen Tönen des Roth gemacht und gekannt, ja dasselbe schon eine gewisse culturgeschichtliche Bedeutung erlangt zu haben, da man es schon vielfach zu Verzierungen und Verschönerungen in Anwendung zog. So nennt Homer die Schiffe die „rothwangigen" und gedenkt eines mit Purpur gefärbten elfenbeinernen Pferdeschmuckes.[1]) Diese culturgeschichtliche Bedeutung der lichtreichen Farben, speciell des Roth und Gelb, besonders in den früheren Perioden des Alterthums, wird noch durch verschiedene andere Thatsachen bezeugt. Unter Anderem war die rothe Farbe eine lange Zeit die einzige, welche die Maler bei Anfertigung ihrer Bilder benützten; denn Plinius (Lib. XXXIII. Cap. 7. 117) berichtet ganz ausdrücklich. dass die alten Gemälde, welche Monochromata hiessen, nur mit Cinnabaris oder ephesischem Minium ausgeführt worden seien, und dass man, als diese beiden Arten von Roth für zu grell (nimis acre) erachtet wurden, ein gefälligeres Roth, nämlich den Röthel (rubrica) oder eine besonders feine Art desselben gewählt habe, welche nach der Stadt Sinope in Pontus, wo sie gefunden und hergestellt wurde, den Namen Sinopis trug. Ja sogar auch später noch, als man diese ursprünglichste Art der Malerei bereits verlassen hatte, herrschten die lichtreichen Farben Roth und Gelb noch unbedingt vor, denn man malte jetzt, wie Plinius (Lib. XXXV. Cap. 7. 50) erzählt, mit vier Farben, nämlich mit Weiss, Schwarz, Roth und der ocherartigen Farbe Atticum.[2])

Auch in dem religiösen, wie socialen Leben der frühesten Perioden des Alterthums spielten Roth und Gelb eine ungemein hervorragende Rolle. Plinius (Lib. XXI. Cap. 8. 45 u. 46) berichtet, dass in den ältesten Zeiten die gelbe Farbe eine bei dem weiblichen Geschlecht hauptsächlich beliebte und viel gebrauchte gewesen, und besonders gern zur Färbung und Verzierung des Brautschmuckes benützt worden sei. Ueberhaupt scheint im römischen Alterthum die gelbe Farbe gerade bei

---

des Farbensinnes aus der Welt zu schaffen. Er erklärt lieber den Sänger des Homer für einen kranken Mann, als dass er die eigenthümlichen Zustände des Farbensinnes jener Epoche einer vorurtheilsfreien Würdigung unterzöge. Uebrigens werden wir im Verlauf unserer Untersuchung nochmals auf die von Steinthal erhobenen Widersprüche gegen eine fortschrittliche Entwickelung des Farbensinnes zurückkommen müssen.

[1]) Man vergleiche über diesen Gegenstand: Müller. Handbuch der Archäologie der Kunst. Breslau 1848. p. 51.

[2]) Ob die berühmten alten Maler Apelles, Echion, Melanthus, Nicomachus wirklich, wie dies Plinius behauptet, ihre Bilder nur mit vier Farben Schwarz, Weiss, Roth und Gelb gemalt haben, erscheint aber doch etwas zweifelhaft. Man vergl. über diesen Punkt: Wiegmann. Die Malerei der Alten in ihrer Anwendung und Technik. Hannover 1836. p. 210.

den hochzeitlichen Gebräuchen einer ganz besonderen Bedeutung sich
erfreut zu haben; wenn Catull und Ovid dem Hymenäus die Safranfarbe
gleichsam als Symbol zuertheilen[1]) und wir ausserdem wissen, dass die
weiblichen Cybelepriester gelbe Gewandung zu tragen pflegten.

Eine noch höhere Bedeutung als das Gelb hatte die rothe Farbe
in den ältesten Perioden der griechischen und römischen Zeit. Denn
nach den Nachrichten, welche uns Plinius (Lib. XXXIII. Cap. 7. 111
u. 112) über diesen Punkt hinterlassen hat, scheint gerade sie als eine
besonders heilige und freudenreiche gegolten zu haben. An festlichen
Tagen pflegte man das Antlitz der Jupiterstatuen mit rother Farbe,
speciell mit Minium,[2]) anzustreichen, während triumphirende Feldherren
ihren ganzen Leib mit rother Farbe bestrichen. So wird namentlich
vom Camillus erzählt, dass er in derartigem Aufzuge seinen Triumph
gehalten habe. Wie man denn auch beim Triumphschmaus es für besonders feierlich und festlich hielt, wenn die aufgetragenen Speisen in
rother Farbe prangten.

Aehnliche Gebräuche scheinen übrigens auch vielfach bei anderen
Völkern des Alterthums üblich gewesen zu sein. Denn wir lesen z. B.
im Buch der Weisheit C. 13, 14, dass man die Götzenbilder mit rother
Farbe schmückte[3]) und nach Plinius (Lib. XXXIII. Cap. 7. 112) war
es bei den Aethiopiern ebenfalls gebräuchlich, die Götterbilder roth anzustreichen; eine Sitte, welche die Herrscher dieser Nation auch für sich
selbst befolgten, indem sie sich über und über mit rother Farbe bemalten.

Dass die Empfänglichkeit für die lichtreichen Farben Roth und
Gelb mit ihren verschiedenen Nüancen in den frühen Perioden des Alterthums die einzige Functionsäusserung des Farbensinnes gewesen sei,
während die lichtschwächeren Farben durch einen besonderen Empfindungsvorgang noch nicht zur Perception gelangten, vielmehr in den Begriffen des Fahlen und Dunkeln noch vollständig aufgingen, dafür haben
wir ausser den soeben angeführten Thatsachen noch einzelne andere, sehr

---

[1]) Ueber den Gebrauch des Gelben im Alterthum vergleiche man: Böttiger.
Die aldobrandinische Hochzeit. Dresden 1810. p. 128 u. 129. Anmerkung 11; während über die Bedeutung der gelben Farbe im Culturleben der Völker überhaupt besonders erschöpfende Untersuchungen angestellt hat: Ewald. Die Farbenbewegung.
Erste Abtheilung. Erste Hälfte. Berlin 1876.

[2]) Das Minium, von welchem hier Plinius spricht, ist übrigens nicht identisch
mit der Farbe, welche wir heute Minium oder Mennige zu nennen pflegen; denn
das antike Minium ist kein Bleipräparat, sondern muss als unserem modernen
Zinnober gleichwerthig angesehen werden.

[3]) In wörtlicher deutscher Uebersetzung: „Wenn der Götzendiener ein Götzen-
bild mit Mennige bestrichen, mit Schminke seine Haut geröthet und alle Flecken
an demselben überstrichen."

beweiskräftige Anhaltepunkte. So spricht unter Anderem die Schilderung, welche Xenophanes[1]) von der Farbenerscheinung des Regenbogens
entwirft und der wir bereits auf den vorhergehenden Blättern gedacht
haben, ganz entschieden dafür, dass zur Zeit dieses Autors der Farbensinn in der Empfindlichkeit für die Farben mittlerer oder geringerer
Lichtstärke, also für die im Spectrum von Grün bis Violett sich er-
streckenden, noch kein ausgesprochener gewesen sein könne, vielmehr
sich nur auf die Farben intensiverer Lichtstärke beschränkt haben müsse.
Denn wenn Xenophanes am Regenbogen nur drei Farben zu unterscheiden vermag, und diese drei Farbentöne, πορφύρεος, φοινίκεος und χλωρός
sich nur auf Farben beziehen, welche dem lichtreichen Ende des Spectrums angehören: so wird diese an sich sonst völlig unverständliche
Thatsache eben nur bei der Annahme begreiflich, dass der Farbensinn
zur Zeit des Xenophanes eben noch auf derjenigen Stufe seiner Entwickelung befindlich gewesen, auf welcher die Empfänglichkeit und das
Unterscheidungsvermögen nur erst für die lichtreichen Farben vollständig
entwickelt war; während dagegen die Erkenntniss sämmtlicher anderen
Farbentöne sich aus den Begriffen der geringeren Lichtstärke noch nicht
losgelöst hatte, vielmehr dieselben noch immer in dem gleichen Empfindungsvorgang zusammenfielen. Auf keine andere Weise lässt sich für
diese eigenthümliche Schilderung des Xenophanes eine irgendwie befriedigende Erklärung gewinnen.

Einen sehr instructiven Beweis für diese unsere Behauptung finden
wir sodann in den Angaben, welche die alten Philosophen über die Anzahl und den Character der Hauptfarben gemacht haben. So lehrte
Pythagoras[2]) und seine Schule, es gäbe vier Arten von Farben: Weiss
(λευκός), Schwarz (μέλας), Roth (ἐρυθρός) und Gelb (ὠχρός). Dieselbe
Ansicht vertrat auch Timaeus Locrus;[3]) nach welchem es gleichfalls vier

---

[1]) Um meinen Lesern den Ueberblick über die historischen Epochen, in denen
die verschiedenen Autoren des Alterthums, die ich im Verlauf meiner Arbeit an-
ziehe, gelebt und gelehrt haben, zu erleichtern, werde ich bei den einzelnen Autoren
immer deren Lebenszeit angeben.

Xenophanes lebte und lehrte um die 58. Olympiade, also 546 v. Chr. zu Elea
in Unteritalien.

[2]) Diese Angabe findet man bei Plutarch's Lehrmeinungen der Philosophen.
Von den Farben. Buch I. Cap. 15; bei Stobaeus. Eclogarum physicarum et
ethicarum libri duo. Ed. Heeren. Gottingae 1792. Pars I. Tomus prior. Cap. 17.
Pythagoras, aus Samos gebürtig, lebte um die 60. Olympiade, und lehrte hauptsächlich zu Croton in Unteritalien.

[3]) Timaeus Locrus, ein Anhänger der Pythagoräischen Lehre, lebte zu Locri
in Unteritalien. Die Angaben über die von ihm angenommenen Farben habe ich
aus: Mullach. Fragmenta philosoph. grace. Parisiis 1860. Vol II. p. 44.

Hauptfarben giebt: Weiss (λευκός), Schwarz (μέλας), Roth (φοινίκεος) und λαμπρός, eine Farbe, welche auch ihrerseits dem lichtreichen rothen Ende des Spectrums angehört. Einer ähnlichen Angabe begegnen wir bei Empedocles,[1] welcher als die vier Hauptarten der Farben, λευκός, μέλας, ἐρυθρός und ὠχρός angiebt und mit welchem auch sowohl der berühmte Democritus,[2] als auch der bekannte Schüler und Nachfolger des Aristoteles, Theophrastus[3] übereinstimmen, wenn sie als die vier Hauptfarben λευκός, μέλας, ἐρυθρός und χλωρός[4] ansehen. Wenn wir nun auch nicht behaupten wollen, dass alle die von uns soeben genannten Männer noch auf einer so tiefen Stufe der Entwickelung ihres Farbensinnes gestanden hätten, dass ihnen nur Roth und Gelb ihrem Farbenwerthe nach imponirt hätten, alle anderen Farben aber ihnen nur nach ihrem Lichtgehalt bemerklich geworden seien, — denn bei Theophrast finden wir bereits eine Kenntniss der Farben mittlerer und geringerer Lichtstärke: — so geht doch aus den mitgetheilten Thatsachen so viel mit vollster Bestimmtheit hervor, dass selbst in jenen Perioden des Alterthums, wo sich der Farbensinn bereits bis zu einer Differenzirung der lichtschwachen

---

[1] Stobaeus. Eclogarum physicarum et ethicarum libri duo. Ed. Heeren. Gottingae 1792. Pars I. Tom. prior. p. 363. Cap. 17.
Empedocles aus Agrigent in Sicilien lebte um die 81. Olympiade, also um 442 v. Chr.

[2] Mullach. Frag. phil. graec. Vol. I. p. 363. Democritus ist aus Abdera gebürtig und lebte um die 83. Olympiade, also 446 v. Chr.

[3] Theophrastus de sensu et sensili §. 73. In: Mullach. Frag. phil. graec. Vol. I. p. 363. Theophrastus aus Eresus auf Lesbos lebte um die 114. Olympiade (321). Wenn übrigens Aristoteles und seine Schule sieben Farben annahmen, so darf man sich nicht zu dem Glauben verführen lassen, dass sie hierbei etwa von optischen Rücksichten geleitet worden wäre. Dies war ganz und gar nicht der Fall und die aristotelische Siebenzahl der Farben hat mit unseren modernen Spectralfarben durchaus nichts zu schaffen. Aristoteles wurde vielmehr lediglich nur durch philosophische, rein speculative Gründe veranlasst, gerade sieben Hauptfarben anzunehmen. Er glaubte durch eine derartige Annahme den Geschmack mit dem Sehvermögen in gewisse Beziehungen zu bringen, indem er auch für diesen sieben Hauptarten seiner Thätigkeit voraussetzte. (De sens. 4. 422 a 12. und 7. 448 a 16.) Diese Lehren von der Siebenzahl der Functionsäusserungen der Sinnesorgane verbreitete dann des Aristoteles' Schüler Theophrastus weiter; da er auch seinerseits sowohl sieben Arten des Geschmackes, als auch des Geruches und der Farben existiren lässt und darüber in seiner Schrift: De causis plantarum. Lib. VI. Cap. IV sagt: αἱ δὲ ἰδέαι τῶν χυμῶν ἑπτὰ δοκοῦσιν εἶναι, καθάπερ καὶ τῶν ὀσμῶν καὶ τῶν χρωμάτων.

[4] Mullach übersetzt χλωρός an dieser Stelle mit viridis; doch sind wir mehr geneigt χλωρός mit ὠχρός zu identificiren, und dass wir dazu durchaus berechtigt sind, wird §. 2 dieses Kapitels nachweisen; so dass denn als vierte Grundfarbe auch hier das Gelb anzunehmen wäre.

Farben erhoben hatte, doch noch immer die Empfänglichkeit für die
lichtreichen Farben Roth und Gelb die unverhältnissmässig stärkere und
überwiegende gewesen sei, und dass gegen sie das Empfindungsvermögen
für die anderen Farben ganz erheblich zurücktrat. Bei einer derartigen
Beschaffenheit der Perceptionsfähigkeit für die verschiedenen Farben wäre
es alsdann weiter nicht auffallend, wenn man die Farben Roth und Gelb,
welche sich ganz besonders bemerkbar zu machen geeignet waren, unter
die Haupt- und Grundfarben rechnete; dagegen den Farben von mittlerer
und geringerer Lichtstärke, welche von der Netzhaut zwar empfunden,
aber nicht besonders geachtet wurden, keine besondere Stellung in der
Reihe der Farben einräumte. Wir würden also aus der Thatsache, dass
die alten Philosophen häufig nur die Farben Schwarz, Weiss, Roth und
Gelb als Grund- und Hauptfarben bezeichneten, den Schluss zu ziehen
haben, dass die Einen, z. B. die Pythagoräer, durch ihren mangelhaften
Farbensinn zu jener Annahme gedrängt worden seien; während dagegen
die Anderen aus dem Grunde zu einer derartigen Behauptung gelangt
wären, weil bei ihnen die Empfindlichkeit für die lichtreichen Farben
eine um Vieles bedeutendere und intensivere gewesen wäre, als die für
die Farben mittlerer und geringerer Lichtmenge. Dass aber dieses Sach-
verhältniss wirklich in allen Perioden des Alterthums, bis tief in die
christliche Zeitrechnung hinein, Statt gefunden habe, lässt sich unschwer
nachweisen. So nimmt z. B. Plinius[1]) (Lib. XXI. Cap. 8. 45 und 46)
drei Hauptfarben an, von denen eine Roth, die andere Purpur ist, und
die dritte, welche den Namen amethystinus trug, einen Farbenton vertritt, der nach den Beschreibungen dieses Autors gleichfalls auch gewisse
Beziehungen zum Roth gehabt haben muss.

Noch auffallender tritt die grosse Empfänglichkeit für Roth und
Gelb gegenüber dem geringen Verständniss für alle lichtschwachen Farben in den Werken des Aulus Gellius[2]) (Lib. II. Cap. 26) hervor. Denn
während derselbe in seinen Bemerkungen über die Farben nicht weniger
als sieben verschiedene Nüancen der lichtreichen Farben Roth und Gelb
zu nennen weiss, als: fulvus, flavus, rubidus, luteus, poeniceus, rutilus
und spadix, würdigt er die lichtärmeren Farben Grün und Blau kaum
einer nebensächlichen Bemerkung.

Diese bevorzugte Stellung, welche die lichtkräftigen Farben in der
alten Welt sich erstritten hatten, beginnt aber im Verlauf der christ-

---

[1]) Plinius geb. 23 n. Chr. fand bekanntlich seinen Tod im Jahr 79 bei dem
grossen Ausbruch des Vesuv.

[2]) Die Zeit seiner Wirksamkeit fällt in die letzte Hälfte des zweiten christlichen Jahrhunderts, in die Regierungszeit des Kaisers Antoninus Pius.

lichen Zeitrechnung allmählich sich zu verlieren; ja die heilige und fest-
liche Bedeutung, welche das Alterthum diesen Farben zuzuerkennen ge-
wohnt war, schwindet allmählich vollständig und macht gerade der gegen-
theiligen Auffassung Platz. Sehr treffend characterisirt Ewald[1]) diese
Erscheinung mit folgenden Worten: „Die Ansicht über diese Farbe
(nämlich Gelb) muss sich im Lauf der Zeit und mit dem Wechsel der
leitenden Culturvölker verschoben haben. Die Neigung der Römer für
das Gelb muss zu gross gewesen sein, als dass sie es hätten dem ge-
fürchteten und verhassten Neide zuschreiben können; die Sympathie für
das Gelb bei uns muss so gering sein, dass wir kein Bedenken tragen,
es zur Leibfarbe des Neides zu erklären." Diese Verschiebung in der
culturgeschichtlichen Stellung der lichtreichen Farben findet ihre physiologische Erklärung eben in der geschichtlichen Entwickelung des Farbensinnes. Solange das Empfindungsvermögen für alle lichtkräftigen Farbentöne nur noch allein vorhanden, oder doch der Empfänglichkeit für
die lichtschwächeren Farben erheblich überlegen war, — wie dies eben
im ganzen Alterthum Statt fand, — musste natürlich auch die culturgeschichtliche Stellung jener ersteren, ihre Bedeutung für das religiöse
und sociale Leben, eine dem entsprechend hohe und bevorzugte sein.
Doch mit dem Augenblick, wo die Empfindlichkeit für die lichtschwächeren Farben eine intensivere wurde, wo dieselbe derjenigen für die lichtreichen Farben in gleicher und ebenbürtiger Weise sich entwickelt hatte,
musste auch eine Aenderung in der culturgeschichtlichen Stellung beider
sich bemerkbar machen; und diese Aenderung erfolgte eben in der Art,
dass die lichtreichen Farben ihre hervorragendere Stellung allmählich verlieren mussten.

§. 2. Die Farben mittlerer Lichtstärke, entsprechend dem spectralen Grün.

Während wir die Farben grösserer Lichtmenge bis in die frühesten
Perioden des Alterthums zurückzuverfolgen im Stande waren, vermögen
wir dies bei den Farbentönen mittleren Lichtreichthums, speciell dem
Grün, durchaus nicht in gleichem Maasse. Schon für die homerische Zeit
will es nicht mehr recht gelingen, den sicheren Nachweis für ihre Kenntniss eines unzweifelhaften, reinen und ausgesprochenen Grüns zu führen,
geschweige denn in den vorhomerischen Perioden. Die Untersuchungen
Geiger's[2]) haben ergeben, dass in den aus den ältesten Zeiten uns über-

---

[1]) Ewald. Die Farbenbewegung. Erste Abtheilung. Erste Hälfte p. 60.
Berlin 1876.

[2]) Geiger. Zur Entwickelungsgeschichte u. s. w. p. 53.

kommenen literarischen Resten auch nicht die leiseste Andeutung der grünen Farbe sich finden lasse. Doch lassen wir ihn selbst reden: „Grüne Objecte hat es," so sagt er, „für die Menschen begreiflicherweise gegeben, so lange auf der Erde Pflanzenvegetation vorhanden war, und wenn der Himmel aus heiligen Gründen ihrer Beobachtung nahe lag, so musste ihnen die Erde, von der sie und ihre Thiere sich nährten, nicht weniger angelegen sein. Dennoch geben die zehn Bücher der Rigveda- lieder, bei häufiger Erwähnung der Erde, ihr das Beiwort grün so wenig, wie dem Himmel blau. Es wird von Bäumen, Kräutern und Futter- gras, von reifen Zweigen, lieblichen Früchten, nahrungsreichen Bergen, auch vom Säen und Pflügen öfters gesprochen; von grünem Gefilde ist niemals die Rede. Noch auffallender ist die gleiche Erscheinung im Zendavesta. In diesem Buche steht das Interesse für die Erde und ihre Fruchtbarkeit noch mehr im Vordergrund; die daraus hervorgehenden Zustände des Volkes sind auf den Ackerbau gegründet, die Ackerbauer bilden den dritten Stand neben Kriegern und Priestern. In einer An- rufung an die personificirte heilige Opferpflanze Haoma heisst es: „Ich lobe die Erde, die weite, breite, fruchtbare, geduldige, die dich trug; ich lobe das Erdreich, wo du wohlriechend wuchsest." Die Bäume heissen: fruchtbar, schön, emporgewachsen, mächtig, und endlich auch an einer Stelle goldfarbig, in Beziehung auf das Gold der Früchte."

Wenn man also in den Zeiten, in denen diese Lieder verfasst wur- den, trotz einer ausgesprochenen und ungemein hohen Verehrung für die nährende Erde und deren Vegetation dennoch keinen Ausdruck kannte, um die so reich vertretene grüne Farbe der Pflanzen, Kräuter und Bäume zu bezeichnen; wenn man allerlei andere Eigenschaften an ihnen zu rühmen wusste und nur gerade ihre Farbe unerwähnt liess: so ist die Geiger'sche Vermuthung, dass diese Erscheinung eben durch die noch mangelnde Empfänglichkeit für den grünen Farbenton zu erklären sei, gewiss eine nahe liegende und sehr berechtigte. Und darum tragen wir auch durchaus kein Bedenken, mit Geiger für jene ältesten Zeiten ein Fehlen der Fähigkeit vorauszusetzen, vermittelst deren die grüne Farbe durch einen gesonderten und specifischen Empfindungsact zum Bewusstsein kam.

Ein besonders klares und wohlgelungenes Bild von dem Entwicke- lungsgang, welchen das Empfindungsvermögen für Grün zu durchlaufen hatte, bevor es auf der vollen Höhe seiner Ausbildung angelangt war, giebt uns die griechische Welt. Aus den hier üblichen Ausdrücken für Grün, aus den Bedeutungen, welche man zu den verschiedensten Perio- den des Griechenthums mit diesen Ausdrücken verband, und den Wen- dungen, in welchen man sie zu gebrauchen pflegte, lässt sich die allmähliche Entwickelung der Fähigkeit, Grün als besonderen Farbenton zu erkennen, genügend deutlich wahrnehmen. Man bemerkt, wie sich die Empfindlichkeit für die helleren Töne des Grün aus dem Begriff des Fahlen, Bleichen erst ganz allmählich loslöst und zu einem besonderen, specifischen Empfindungsvorgang differenzirt; während die Kenntniss der dunkleren und gesättigteren Nüançen der grünen Farbe gleichfalls erst wieder nach und nach aus der Vorstellung des Dunklen und Schattenreichen sich losringt.

Wenden wir unsere Aufmerksamkeit zuerst den helleren Tönen des Grün zu und verfolgen den Entwickelungsgang, welchen das helle Grün durchlaufen musste, bevor es sich das Vermögen erstritten hatte, der Netzhaut als characteristischer und selbständiger Farbenton geltend zu machen: so werden wir bemerken, dass in der homerischen Zeit der Ausdruck χλωρός, welchen die spätere Gräcität für Hellgrün, oder auch Grün schlechthin benützte, noch lange nicht sich zu der Bedeutung eines reinen und zweifellosen grünen Farbentones entwickelt hatte. Diese Wahrnehmung ist denn auch bereits von namhaften Philologen gemacht und wiederholt bestätigt worden. Vor allem hat Geiger[1]) diese Erscheinung gewürdigt, indem er sagt: „Was die Griechen betrifft, so heisst χλωρός, welches bei Hesiod von einem grünen Zweige gebraucht ist, in den homerischen Gedichten fast überall ganz bestimmt gelb, es wechselt mit ὠχρός, woher unser Ocher. Erst in einem späteren Hymnus auf Apollo tritt uns in demselben Beiworte der Sinn für das Grün des Berges, für den sichtbaren Eindruck der vegetativen Natur entgegen, die wir bis dahin nur von der Seite der Nützlichkeit, gleichsam insofern sie schmeckbar ist, beachtet finden. Doch hat das griechische Wort niemals ganz die Bedeutung dessen, was wir Grün nennen, erlangt, sondern immer nur die eines Anfangs dieser Farbe mit Einschluss des Gelben, und noch in dem aristotelischen Buche von den Farben wird es in Gegensatz gegen das eigentliche Grün gestellt, das durch grasfarbig oder lauchfarbig umschrieben ist.“ In ähnlicher Weise äussert sich auch Schuster:[2]) „Im homerischen Gebrauch tritt an χλωρός der Begriff der grünen Farbe nicht hervor.“

Ein Blick in die Werke Homer's wird uns die vollste Bestätigung dieser Beobachtung gewähren und deshalb dürfte es sich empfehlen, die Bedeutung des homerischen χλωρός jetzt eingehender zu prüfen.

Das Grün einer Landschaft mit all seinen verschiedenen Tönen und Abstufungen scheint in der homerischen Zeit auf das Auge eben noch

---

[1]) Geiger. Zur Entwickelungsgeschichte u. s. w. p. 54.
[2]) Zeitschrift für Gymnasialwesen. XV. Band 2, p. 721.

keinen sonderlich bemerkenswerthen Eindruck ausgeübt zu haben. Die
Beobachtung, welche Geiger in den Rigvedaliedern, sowie im Zendavesta
gemacht hat, und wonach man wohl von allen möglichen Eigenthümlichkeiten und Vorzügen einer Landschaft und ihrer Vegetation zu berichten
weiss, aber den für unser modernes Auge so characteristischen Zug der
grünen Färbung derselben durchaus mit Stillschweigen übergeht, können
wir, wenn auch vielleicht nicht in ganz so ausgesprochener, aber immerhin noch genügend bemerkbarer Weise, auch in den homerischen Gedichten machen. Unter all den Beiwörtern, deren sich Homer bei den
Schilderungen und Beschreibungen von Gegenden und Landschaften bedient, kommt der Ausdruck χλωρὸς nur ein einziges Mal vor bei dem
Hymnus auf Apollo V. 223, in der Wendung χλωρὸν ὄρος. Ueberhaupt
besass die Färbung einer Landschaft für die Netzhaut Homer's keinen
grossen Reiz: so finden sich unter den zahlreichen Beiwörtern, welche zur
Beschreibung landschaftlicher Vorzüge dienen, — Gladstone[1]) zählt deren
sechszig, — nur drei, welche der Färbung Rechnung tragen, nämlich zwei
Mal ἀργινόεις und ein Mal λευκός, und auch diese bezeichnen im
Grunde eigentlich nicht einen besonderen Farbenton, als sie vielmehr nur
auf die Lichtquantität Rücksicht nehmen. Desgleichen begegnen wir
auch unter dreizehn auf die Beschreibung eines Berges bezüglichen Ausdrücken der Bezeichnung χλωρὸς nur ein einziges Mal an der bereits
oben genannten Stelle. Unter solchen Umständen wird man schlechterdings nicht bestreiten können, dass die Bedeutung des Grün in der Land-
schaftsmalerei Homer's gewiss keine irgendwie bemerkenswerthe Stellung
eingenommen habe, dass vielmehr in allen Schilderungen desselben der
Farbenton einer Gegend gegenüber den anderen Eigenthümlichkeiten
durchaus in den Hintergrund tritt. Erwägt man, dass nach unseren
heutigen modernen Begriffen gerade das Grün der Hauptcharacter-
zug einer jeden Landschaft ist, dass wir kaum im Stande sind, uns
eine Vorstellung zu machen von einer sommerlichen Landschaft, ohne
sofort die erforderliche grüne Decoration dazu zu denken, so wird schon
der auffallende Mangel der grünen Farbe in den homerischen Land-
schaftsbildern die Vermuthung nahe legen, dass das Verständniss für Grün
in jenen Epochen gerade noch kein namhaft entwickeltes gewesen sein
könne. Ja diese Vermuthung wird zur Gewissheit, wenn wir ferner bemerken, dass der Ausdruck χλωρός, welchen Homer, wie schon bemerkt,
nur an einer einzigen Stelle anwandte, um den grünen Farbenton eines
landschaftlichen Bildes zu zeichnen, gerade in der homerischen Zeit überhaupt noch nicht zu der Bedeutung eines kräftig entwickelten und völlig

---

[1]) a. a. O.

ausgesprochenen Grün sich erhoben hatte, sondern dass er vielmehr noch mit der Vorstellung des fahlen Gelb innig verbunden und verschmolzen war. So legt Homer (Odyss. 10. V. 234 und Ilias 11. V. 631) die Bezeichnung χλωρὸς dem Honig bei, und gebraucht sie (Ilias 7. V. 479), um die durch Schreck und Angst hervorgerufene bleiche, blassgrüne Farbe in sehr wirksamer Weise zu bezeichnen; wie er denn noch an mehreren anderen Stellen die Farbe der Angst mit dem Beiwort χλωρὸς schildert. Ja sogar auch die blassgrüne Farbe der jungen Saat wird (Odyss. 16. V. 47) mit dem Ausdruck χλωρὸς gekennzeichnet.

Diese Beispiele werden genügen, um zu beweisen, dass in der homerischen Periode das Wort χλωρὸς noch nicht den Werth und die Bedeutung des vollen Grün gehabt habe, dass vielmehr seine eigentliche und wichtigste Bedeutung die eines fahlen, gelblichen, allenfalls gelblichgrünen Farbentones gewesen sei. Und da Homer, trotz der vielfach dazu gebotenen zwingenden Veranlassungen, dennoch sich keines anderen Ausdruckes für Grün bedient: so wäre damit auch erwiesen, dass der Begriff dieser Farbe zu jenen Zeiten eben noch in dem des fahlen, gelblichen Tones mit einbegriffen war, oder doch wenigstens nur erst im allerersten Beginn seiner Entwickelung gestanden haben muss.

Aber auch in dem nachhomerischen spätern Zeitalter dürfte die Bedeutung des χλωρὸς als Grün gegenüber der Bedeutung desselben als Fahl und Gelblich, noch lange nur die untergeordnete und nebensächliche geblieben sein. So überträgt Hesiod [1]) zwar das Beiwort χλωρὸς auf das Grün der Bäume, indem er von einem grünen Ast den Ausdruck χλοερὸς ὄζος gebraucht (Scut. Herc. 393); doch bezeichnet er zugleich auch die Farbe des Stahles mit dem Ausdruck χλοερός (Scut. Herc. 231). Einem ähnlichen Gebrauch von χλωρὸς begegnen wir bei Pindar, [2]) Sophocles, [3]) Euripides, [4]). Thucydides [5]) u. A.; so nennt z. B. Sophocles (Ac. 1043) die Farbe des Sandes χλωρός, und Thucydides beschreibt die bleiche, ins Gelbliche spielende Farbe eines erkrankten menschlichen Körpers mit dem Epitheton χλωρός; während Euripides (Cycl. 67) mit dem gleichen Beiwort den weissen Wein im Gegensatz zu dem rothen kennzeichnet. In der aristotelischen Zeit dagegen hat χλωρὸς zu dem Begriff Grün bereits eine genauere und ausgesprochenere Beziehung gewonnen.

---

[1]) Hesiod nach Homer einer der ältesten griechischen Dichter, von unbestimmten Zeitalter.

[2]) Pindarus aus Theben geb. 517, gest. 445 v. Chr.

[3]) Sophocles geb. um die siebzigste Olympiade (497), gest. 406 v. Chr.

[4]) Euripides geb. 480, gest. 407.

[5]) Thucydides geb. 471, gest. 391.

Man benutzt das Wort χλωρός jetzt bereits ziemlich allgemein, um das hellere
Pflanzengrün gegenüber den dunkleren Tönen zu characterisiren. So nennt
Aristoteles (De color. Cap. 5. 795 a. 10) die Farbe aller jungen Pflanzen
χλωρός, denn er sagt ausdrücklich: „διὸ καὶ τὰ μὲν ὑπὲρ γῆς χλωρὰ
πάντων τῶν φυομένων τὸ πρῶτόν ἐστι." Auch die im Herbst sich bemerklich machende Entfärbung des Laubes wird ihrem Farbenwerth nach
von Aristoteles mit dem Beiwort χλωρός characterisirt; indem er nicht
etwa das schon völlig trockene, gelbe Laub unter diesem Ausdruck, —
dies nennt er ξανθός, — versteht, sondern jene Farbenstufe, in welcher
die saftige grüne Farbe des frischen Laubes allmählich abzublassen und
in einen gelblichgrünen Ton überzugehen beginnt. So dass also der
Begriff χλωρός in der aristotelischen Zeit schon eine entschieden höhere
Stufe seiner Entwickelung wie früher erreicht hat. Denn obgleich derselbe noch immer in ziemlich naher Beziehung zu der Vorstellung des
Fahlen steht und auch sprachlich sich aus derselben noch nicht ganz
loszulösen vermocht hat; so ist doch die Bedeutung obgleich immer noch
nicht die des Grünen schlechthin, so doch diejenige eines gelbgrünen
Tones in ihm deutlich zu erkennen. Deshalb überträgt Göthe in seiner
Uebersetzung der aristotelischen Farbenlehre χλωρός auch sehr treffend
mit „Grüngelb".

In der späteren Gräcität finden wir den Ausdruck χλωρός nach
seiner Beziehung zum Farbensinn in einer noch höher entwickelten
Phase. Er hat nunmehr die Vorstellung des Grün schlechthin gewonnen, indem er jetzt nicht mehr ausschliesslich einen hellen Ton, etwa eine
Uebergangsstufe von Gelb zu Grün, wie wir dies in der aristotelischen
Zeit noch bemerkt haben, bezeichnet, sondern sich nunmehr zu der
vollen und bedingungslosen Vorstellung von Grün erhoben hat. In der
zur Zeit des Enkels des Jesus Sirach (130 v. Chr.) vollständig, oder doch
grössten Theils fertigen griechischen Uebersetzung der LXX begegnen
wir diesem Gebrauch von χλωρός als Grün schlechthin wiederholentlich,
z. B. 1. Mos. 1, 30: (Und den lebendigen Geschöpfen gebe ich alles)
χόρτον χλωρόν (grüne Kraut zur Speise); 4. Mos. 22, 4: (Nun wird diese
Schaar Alles um uns her aufzehren, wie da aufzehrt das Rind) τὰ χλωρὰ
ἐκ τοῦ πεδίου (das Grüne des Feldes); 4 Könige (im Hebr. Text bekanntlich 2. Buch d. Könige) 19, 26: (die Einwohner ihrer Städte — — —
wurden zu Schanden; sie wurden wie das Gras des Feldes, oder wie)
χλωρὰ βοτάνη (grünes Futterkraut) und Prov. 27, 24: (kümmere dich
um) χλωρῶν (die grünen Kräuter auf dem Felde). Alles Stellen, mit
welchen auch die um das Jahr 70 n. Chr. entstandene Offenbar. Joh.
in der Stelle C. 8, 7: (Und) πᾶς χόρτος χλωρός (alles grüne Gras des
Feldes verbrannte vollkommen) übereinstimmt. Ja im Anschluss an

diese Stellen aus den LXX und dem N. T. benutzt sogar Aelian[1]) (Variae historiae XIII. 14) das Wort χλωρός allein, ohne jeden weiteren Zusatz, zur Bezeichnung der Pflanzen und Kräuter, indem er sagt: „καὶ περὶ αὐτόν ἐστι δένδρα εὐθαλῆ καὶ πολλὰ χλωρά." Uebrigens verschwand deshalb die Bedeutung des χλωρός als das fahle Gelb nicht vollständig, sondern blieb immer noch gebräuchlich. So beansprucht z. B. in der Uebersetzung der LXX von Jes. 27, 11: (Nach einiger Zeit aber wird im Lande Alles) χλωρὸν (fahl sein, dieweil es verwelkt,) die Bedeutung des Fahlen, Gelben, ganz unzweifelhaft und wird ferner in der Offenbarung Joh. VI, 8 das Pferd des einen der apokalyptischen Reiter χλωρὸς genannt, welches Ewald (a. a. O.) mit Recht durch isabellfarben übersetzt. Auch identificirt Suidas, der bekannte im eilften christlichen Jahrhundert lebende Lexicograph, χλωρός geradezu mit ὠχρός, also mit einem ausgesprochen gelben Farbenton. Jedenfalls aber besass in den späteren Phasen des Griechenthums die Bedeutung des χλωρός als Fahl eben nicht mehr die unbedingte Herrschaft, sondern trat vielmehr gegen die Bedeutung von Grün immer mehr und mehr in den Hintergrund. Und diese Vorstellung von χλωρός als Grün schlechthin, ohne die Nebenbedeutung eines Ueberganges in das fahle Gelb, scheint auch die moderne Wissenschaft hauptsächlich festzuhalten; denn die Botanik nennt den grünen Farbestoff, · welcher das saftige, kräftige Grün der Pflanzen bedingt, Chlorophyll[2]).

Uebrigens in ganz ähnlicher Weise wie in dem griechischen Alterthum die Vorstellung der helleren Töne das Grün sich aus der des Hellen und Fahlen überhaupt erst ganz allmählich loslöste und zu einem specifischen Farbenbegriff entwickelte, eben so hat sich auch im Aegyptischen der gleiche Process vollzogen. Auch hier finden wir in einem

---

[1]) Aelianus aus Praeneste lebte in der zweiten Hälfte des zweiten Jahrhunderts.

[2]) Uebrigens kann man auch noch aus dem Gebrauch mancher anderer Worte ersehen, dass die Vorstellung von Grün aus dem allgemeinen Begriff des Hellen heraus entstanden ist. So hat z. B. γλαυκός, das zwar niemals die Bedeutung von Grün schlechthin erlangt, aber doch gelegentlich zur Bezeichnung gewisser grüner Farbentöne, als des Blattgrüns, des Grüns einzelner Steine u. s. w. benützt wird (man vergl. über diesen Gebrauch von γλαυκός Lucas: Quaestionum lexilogicarum liber primus. Bonnae. 1835. § 40—48. p. 63 ff), von Haus aus nur die Bedeutung eines gewissen Lichteffects gehabt, ohne irgendwie auf die Bezeichnung eines bestimmten Farbentones Bezug zu nehmen. Der Begriff des Farbigen hat sich auch an dem Ausdruck γλαυκός erst später entwickelt, indem die Bedeutung des Lichteffectes auch hier die ursprüngliche war und erst allmählich mit der Entwickelung des Farbensinnes in die des Farbigen überging.

und demselben Worte die Vorstellungen des Hellen, Fahlen mit der des
Grün geeint. Hören wir, wie sich ein Aegyptbologe von Fach, Herr
Pietschmann,[1]) über diesen Punct äussert: „Tehen ist eine vage Bezeichnung ähnlich dem griechischen χλωρός, welche keineswegs nur
gelb bedeutet, denn Tehennu hiessen die hellfarbigen Völker Lybiens,
und s-tehen heisst ergrünen lassen." Wenn nun auch gerade über den
Zustand des Farbensinnes in der ägyptischen Welt die Quellen vor der
Hand sparsam fliessen und für die Kenntniss von der geschichtlichen
Entwickelung derselben keinerlei genügende Anhaltepunkte zu liefern
vermögen; so macht es doch dieser Gebrauch von Tehen wahrscheinlich,
dass genau dieselben Gesetze, die wir soeben im griechischen Alterthum
bei der Entwickelung des Farbensinnes thätig gefunden haben, auch in
der ägyptischen Cultur wirksam gewesen sein werden.

Werfen wir nun noch einen kurzen Rückblick auf den Entwickelungsgang, welchen die Bedeutung von χλωρός seit der homerischen Zeit
bis auf unsere Tage durchlaufen hat: so werden wir uns der Thatsache
nicht verschliessen können, dass die Vorstellung, welche man in den
frühesten Perioden mit χλωρός verbunden hatte, dem fahlen Gelb viel
näher stand, als dem Grün und dass erst eine lange Zeit erforderlich
war, ehe der Begriff des Grünen den des Fahlen zu verdrängen vermochte. So dass sich also das Empfindungsvermögen für Grün zweifel-
los aus demjenigen des Fahlen herausgebildet und erst allmählich von
demselben sich abgelöst hat.[2])

---

[1]) Pietschmann. Hermes Trismegistos. Leipzig 1875. p. 7.

[2]) Die Bedeutung von χλωρός, als frisch, welche dasselbe sowohl in der homerischen Zeit, als auch in den späteren Perioden des Griechenthums vielfach auf-
zeigt, ist von zu geringem Belange für die uns hier beschäftigende Frage, um ausführlicher auf sie einzugehen. Nur soviel sei bemerkt, dass unsere moderne Sprech-
weise, wenn sie „grün" mit „frisch" identificirt, — wie sie dies ja vielfach thut;
ich erinnere nur an den Ausdruck „grünes Fleisch" oder „grüne Fische", im Sinne
von frischem Fleisch, frischen Fischen, — sich eigentlich zu sehr von unserer heutigen Vorstellung über den Farbenwerth des χλωρός leiten lässt. Denn wenn die
Alten von σῖτος χλωρός: Junger Saat, oder von τυρός χλωρός: Frischem Käse, oder
πυρός χλωρός: Jungem Getreide u. s. w. sprachen, so hatte dies, insofern eben
χλωρός das fahle Gelb vertritt, auch sprachlich eine gewisse Berechtigung. Wenn
wir dagegen an χλωρός nicht so sehr den Begriff des Fahlen, als vielmehr den des
Grünen knüpfen und deshalb die ihm eigenthümliche Bedeutung von Frisch gleichfalls mit Grün wiedergeben, so thun wir nach meiner Meinung dem Ausdruck einen
gewissen Zwang an. Denn dem Alterthum schwebte bei dem Gebrauch des χλωρός
als „Frisch" sicherlich mehr der Farbeneindruck des Fahlen, als der des Grünen
vor, wie ja denn auch die Bedeutung desselben als fahles Gelb, sehr gut auf jungen
Käse. frisches Getreide u. s. w. angewendet passt; während die Bezeichnung

Einen ähnlichen Vorgang können wir bei den dunkleren Tönen des Grün nachweisen. Die Empfänglichkeit für diese Töne hat sich erst ganz allmählich aus der Vorstellung des Dunklen und Schattigen losgelöst und zu der Höhe einer gesonderten und specifischen Farbenempfindung emporgeschwungen. Den Entwickelungsgang, mittest dessen sich der gesonderte Empfindungsvorgang des dunklen Grün herausbildete, können wir deutlich an dem Ausdruck πράσινος und den von derselben Wurzel gebildeten Wörtern erkennen.

Noch im Zeitalter des Plato[1]) stand die mit πράσινος bezeichnete Farbe dem Dunklen ungemein nahe; wenn derselbe im Timäus (68 c.) sie aus Roth und Schwarz gemischt sein lässt und wenn in ähnlicher Weise Hippocrates[2]) im Sinne des Farbenwerthes von πράσινος die dunkle Farbe gewisser Darmausleerungen πρασοειδὴς nennt. Derselben Auffassung begegnen wir bei Aristoteles, nach ihm ist πράσινος ein dunkles reich mit Schwarz gesättigtes Grün, das sich hauptsächlich dann bildet, wenn das volle und kräftige Grasgrün, welches er ποῶδες nennt, genügend Schwarz aufnimmt (De color. Cap. 5. 795 a und 797 a 20).[3]) Es scheint die so entstandene Farbe dieselbe zu sein, welche Theophrastus[1]) (De sensu et sensili § 77) ἰσάτις nennt und aus χλωρός und sehr vielem Schwarz entstehen lässt, im Besondern so vielem Schwarz, dass der dunkle Character der überwiegende und hervorstechende wird. In dem gleichen Sinne sehen wir πράσιος von Dioscorides[5]) gebraucht und von den Uebersetzern desselben häufig geradezu mit Schwarz übertragen; wenn wir in der 1589 von Antonius Saracenus herausgegebenen griechischen und lateinischen Ausgabe desselben, Lib. III. Cap. 17 πράσιος direct mit niger übersetzt finden. Auch im Galen[6]) bedeutet das Wort πράσινος noch eine ausgesprochen dunkle und schattenreiche Nüance des Grün, da es hier zur Bezeichnung der Gallenfarbe benützt wird. Doch

---

der fahlgelben Getreidekörner, oder des gelben Käse u. s. w. als grün keinen nur einigermaassen befriedigenden Sinn ergeben würde. Wenn wir daher, verleitet von unsrer jetzigen Gewohnheit, Frisch mit Grün zu identificiren, auch das griechische Wort χλωρός einfach mit Grün übertragen, so begehen wir den Irrthum, nicht daran zu denken, dass der Begriff des χλωρός als Grün erst spät sich entwickelt habe und mit der Vorstellung der Alten von χλωρός für Frisch überhaupt gar nichts zu thun gehabt haben dürfte.

[1]) Plato geb. 430, gest. 347 v. Chr.

[2]) Hippocrates geb. 460 v. Chr.

[3]) De color. Cap. 5. 795 a sagt Aristoteles: „Μᾶλλον μὲν οὖν τοῦ ὑγροῦ μελαινομένου τὸ ποῶδες γίνεται κατακορὲς ἰσχυρὸν καὶ πρασοειδές.“

[4]) Δ ἰσάτιν ἐκ μέλανος σφόδρα καὶ χλωροῦ πλείω δὲ μοῖραν ἔχειν τοῦ μέλανος.

[5]) Dioscorides aus Anazarbus 64 v. Chr.

[6]) Galen lebte 131—201 n. Chr.

scheint man dasselbe jetzt bereits auch schon für Grün schlechthin gebraucht zu haben; da es im Dio Cassius an den verschiedensten Stellen
die Bedeutung von Grün ohne den Hinweis auf einen besonders dunklen, schattenreichen Farbenton hat.

Hiernach ist also das dunkle Grün den entgegengesetzten Weg wie
das helle gegangen. Denn während das Letztere aus dem Begriff des
Fahlen sich allmählich losgelöst und aus dem benachbarten Gelb unsrer
modernen spectralen Farbenscala sich herausgebildet, hat sich das Verständniss für die dunkleren Schattirungen des Grün aus dem Begriff
des Dunklen[1]) überhaupt heraus entwickelt. Die Netzhaut hat also
in gewissen Perioden der menschlichen Entwickelung an dem grünen
Farbenton überhaupt noch nicht dessen Farbencharacter als solchen
erkannt und durch einen gesonderten und specifischen Empfindungsvorgang sich zum Bewusstsein gebracht, sondern vielmehr, je nach dem
Helligkeitsgrad und dem Lichtreichthum des betreffenden grünen Farbentones, denselben entweder nur als hell und darum dem Fahlen nahe
stehend, oder als dunkel und schattenreich unterschieden. Erst ganz
allmählich ist aus dieser Empfindung des Lichtgehaltes die des Farben-
characters hervorgegangen.

Wie berechtigt diese unsere Behauptung sei und in welch' harmo-
nichem Einklang sie mit den geschichtlichen Thatsachen stehe, geht auch
daraus hervor, dass man zu einer Zeit, wo man es bereits gelernt hatte,
Grün seinem Farbenwerthe nach durch einen specifischen Erregungsvor-
gang in der Netzhaut zu empfinden, doch immer noch den Lichtverhält-
nissen des grünen Farbentones eine grössere Bedeutung einzuräumen ge-
wohnt war, als dem Farbenwerthe desselben. So hebt Aristoteles (Proble-
mat. XXXI. 19) ausdrücklich hervor, dass das Grün durch seine eigenthümlichen Beziehungen zum Licht, durch seine mittlere Stellung zwischen
Hell und Dunkel, ganz besonders auf das menschliche Auge zu wirken
im Stande sei. Und aus diesen Verhältnissen, nicht aber aus dem Farbencharacter der grünen Farbe leitet er auch eine hervorragende thera-
peutische Bedeutung derselben im Allgemeinen her; weshalb er denn
auch des Farbenwerthes des Grünen an dieser Stelle nicht mit einem
Worte gedenkt, sondern den vollen und ganzen Werth nur auf dessen
Lichtverhältnisse legt.

---

[1]) Da auch der Begriff Blau in gewissen frühen Perioden mit der Vorstellung
des Schattigen, Dunklen zusammenfiel: so ist es verständlich, warum man bei den
verschiedensten Autoren der Alten so häufig eine auffallende Verwechselung von
Blau und Grün findet.

§. 3. Die Farben geringerer Lichtstärke, entsprechend dem spectralen Blau und Violett.

Einen ähnlichen Entwickelungsprocess, wie wir am Grün beobachtet haben, können wir ohne Schwierigkeit auch für das Blau nachweisen; nur findet zwischen beiden Farben der Unterschied statt, dass, während die Kenntniss des grünen Farbentones, wenn auch nur in ihren ersten Anfängen, als fahles Gelbgrün, sich weiter zurückverfolgen lässt, dies bei dem Blau und Violett nicht der Fall ist. Im Uebrigen aber lässt sich überzeugend darthun, dass die hellen Töne des Blau in gewissen Perioden des Alterthums noch nicht mittelst eines specifischen Empfindungsvorganges sich bemerkbar machten, sondern vielmehr in dem Begriff des unbestimmten Grau aufgingen, also sich wesentlich nur durch ihre Lichtquantität, nicht aber durch ihre Lichtqualität fühlbar machten. Die dunklen Töne des Blau dagegen wurden in gewissen Epochen der menschlichen Entwickelung lediglich und ausschliesslich nur als Vorstellung des Dunklen und Schattenreichen überhaupt empfunden, ohne irgendwelche Beziehungen zu ihrem Farbenwerth. Es war also die Empfänglichkeit, das Empfindungsvermögen für das dunkle Blau in jenen Zeiten noch vollständig in dem Begriff des Dunklen überhaupt enthalten und hatte sich zu der gesonderten und specifischen Farbenempfindung des Blauen noch nicht erhoben. Demnach unterschieden die Menschen jener Perioden an dem Blau nur dessen Beziehungen zu dem Licht. Die mehr oder minder reichliche Lichtmenge, wie sie an den verschiedenen Nüançen des Blau auftritt, war es ausschliesslich, welche sich in der Netzhaut als Empfindung geltend machte; während dagegen der Farbencharacter noch nicht im Stande war, die empfindenden Elemente der Retina in der Weise zu erregen, dass es zu einer wirklichen und specifischen Farbenempfindung gekommen wäre; kurz die Netzhaut unterschied, um uns eines physikalischen Ausdruckes zu bedienen, in dem blauen Licht vor der Hand nur die Grösse der Oscillationsamplitude, nicht aber die Wellenlänge.

Diese doppelte Verwandtschaft des Blau einerseits mit einem hellen, andrerseits mit einem dunklen, dem Schwarz nahe stehenden Farbenton lässt sich in überraschend klarer Weise sogleich schon an dem lateinischen Ausdruck für Blau, caeruleus, nachweisen. Die bei Properz[1] (IV. 2. 43) sich findende Wendung „caeruleus cucumis" zeigt uns den Ausdruck caeruleus in seinen Beziehungen zu den hellen Farbentönen, während in der bei Vergil (Aen. III. 63) gebrauchten Verbindung caerulae

---

[1] Propertius aus Umbrien, gest. 15 v. Chr.

vittae das intensive Schwarz durch den gleichen Ausdruck bezeichnet wird. Uebrigens ist diese Doppelbedeutung des Beiwortes caeruleus bereits von namhaften Philologen in genügender Weise gewürdigt worden; so sagt z. B. Jacob[1]) über diesen Punkt: „Res caerulei coloris apud poëtas Latinos duplici dicuntur significatione, nam color est aut dilutus, ad album accedens quem Graeci χλωρόν appellant, ut apud Propert. IV. 2. 43. „caeruleus cucumis" aut viridis ad fuscum vel atrum accedens." Auch für das Griechische ist der Nachweis dieser Doppelbeziehung des Blauen zum Hellen, Fahlen, sowie zu dem Dunklen, Schattenreichen, nicht schwer zu führen.

Denn der Ausdruck γλαυκός, welcher häufig dazu benützt wird, unser modernes Hellblau zu bezeichnen,[2]) hat nachweislich in den früheren Perioden des Griechenthums überhaupt gar nicht den Begriff einer Farbenbezeichnung an sich getragen, sondern diente ausschliesslich nur zur Bezeichnung gewisser Lichteffecte. So darf im Homer das Wort γλαυκός niemals auf einen Farbenton bezogen werden, sondern muss stets als characteristisch für gewisse Lichteffecte gelten, etwa unserem „Glänzend" entsprechend. Und ebenso ist von dem Ausdruck κυάνεος erweisslich, dass, obgleich er zuletzt die Bedeutung von dunklem Blau, sowie überhaupt von Blau schlechthin erlangt hatte, er in den frühen Perioden des griechischen Alterthums durchaus nicht die Bedeutung eines Farbigen vertreten habe, sondern lediglich nur zur Beschreibung des Dunklen und Schattenreichen benützt worden sei.

Nach dieser kurzen Vorbemerkung ist nunmehr der ausführliche und umfassende Beweis für den Entwickelungsgang des Blau, welchen wir soeben nur in seinen Hauptzügen gezeichnet haben, zu geben; was um so leichter wird geschehen können, als der von uns schon so oft genannte Geiger gerade über diesen Punkt sehr eingehende Untersuchungen

---

1) Jacob. Quaestiones epicae seu symbolae ad grammaticam latinam poeticam. Quedlinburgi et Lipsiae 1839. Cap. III. §. 6. p. 79.

2) So nennt z. B. Plato das γλαυκός eine Farbe, welche aus dunklem Blau und Weiss zusammengesetzt ist (Timaeus c. 68) κυανοῦ δὲ λευκῷ κεραννυμένου γλαυκόν; während Aristoteles Hist. animal. Lib. I. Cap. 10. §. 44) die blaugrauen Augen mit dem Beiwort γλαυκός kennzeichnet. Diese Stelle des Aristoteles giebt uns übrigens über den Farbenwerth des viel umstrittenen γλαυκός sehr werthvolle Aufschlüsse. Aristoteles führt nämlich ebendaselbst an, dass auch zuweilen bei Pferden blaue (γλαυκοί) Augen gefunden würden. Da nun aber Pferde niemals wirklich blaue Augen haben, sondern höchstens ihre Iris, die für gewöhnlich dunkel gefärbt ist, des dunklen Pigmentes entbehrt und darum in einem hellen, bläulichen Grau erscheint, so ist damit erwiesen, dass γλαυκός hier nicht schlechtweg mit Hellblau zu übertragen sei, sondern auf einen hellen, ins Bläuliche spielenden grauen Farbenton bezogen, also unserem Blaugrau gleichwerthig gehalten werden müsse.

angestellt hat. Es wird daher vollkommen genügen, die Untersuchung Geiger's hier wenigstens zum Theil auszüglich mitzutheilen, während wir dagegen für das griechische und römische Alterthum durch unsere eigenen Untersuchungen den Uebergang von Blau aus dem Schwarzen einer- und dem fahlen Grau andererseits festzustellen gedenken.

Die wichtigsten Punkte aus der Geiger'schen Arbeit[1]) dürften sich auf Folgendes belaufen. Auf S. 249 u. 250 sagt er: „Wenn wir nun auf den frühesten, noch unmittelbar in Dichtungen vor uns liegenden Urzustand der Völker zurückgehen, so werden wir durch sie selbst vorzüglich auf die himmlischen Erscheinungen verwiesen; denn zum Himmel sind die Blicke jener Zeiten von überall mit Andacht emporgerichtet; Götter des Himmels sind fortwährend Gegenstand ihres Preises und ihrer Verehrung; die an ihnen und um sie sichtbaren Ereignisse betrachten sie mit Furcht, feierlicher Spannung und vielfachem heiligen Interesse. Um so auffallender und gewiss verwundernswerth muss es eben darum erscheinen, dass, wie sich sogleich zeigen wird, die Vedischen Lieder und nicht minder der Avesta, dass die Bibel, dass der Koran und selbst die homerischen Gedichte der Bläue des Himmel, welche doch in den Heimathländern fast aller dieser Bücher mit ganz besonderem Reize wirket, trotz überall nahe liegender und oft dringend, wie man glauben sollte, gebietender Gelegenheit, niemals die entfernteste Erwähnung thun. In den zehn Büchern der Riksanhita findet sich kaum ein anderer Gegenstand häufiger, als der Himmel erwähnt; doch ist es vorzugsweise nur seine Ausdehnung, Grösse, Höhe, Weite, worauf sich Beiwörter und Schilderungen, sowie seine Anwendung zu Vergleichen meistens beziehen."

Desgleichen bemerkt er auf S. 305: „. . . . . so müssen wir sagen, dass in den Liedern des Rigveda, dem Avesta, den biblischen Schriften, den homerischen Gedichten und dem Koran, nicht nur der Himmel nicht, sondern überhaupt nichts blau genannt ist; ja noch mehr, dass es unmöglich gewesen, irgend etwas so zu nennen, da ein Wort für diesen Begriff nicht nur nicht vorkommt, sondern auch nicht vorhanden gewesen sein kann, weil jedes etwa in der Folge für ihn gebrauchte ursprünglich, und damals noch mit einem anderen Begriff verbunden war." — Ferner heisst es auf S. 312: „Gewiss ist" das blâ — die altnordische

---

[1]) Geiger. Ursprung und Entwickelung der menschlichen Sprache und Vernunft. Stuttgart 1872. Band 2. Buch 3. Leider ist die in dem Geiger'schen Buch enthaltene Untersuchung über die Entwickelung von Blau nur fragmentarisch aus dem Nachlass des bewährten Forschers auf uns gelangt. Doch sind diese Fragmente so umfassend, dass sie ein für unsere Zwecke äusserst beweiskräftiges Material darbieten.

Farbe des gegenwärtigen dänischen blå, blau, schwarz heisst." — Sodann bemerkt er auf S. 315: „Es ist auch für den entlegenen und in der Form der Sprachbildung wie in seinem ganzen Entwickelungsgang durch so Vieles von uns getrennten Stamm der Chinesen hohe Wahrscheinlichkeit der Uebereinstimmung in Bezug auf den hier behandelten Begriffsübergang vorhanden; und in der verwandten Sprache der Barmanen zeigt sich dies vielleicht noch bestimmter, denn hier geht nō deutlich aus feucht, schmutzig, dunkel, schwärzlich in die Bedeutung blau, himmelblau über. In der finnisch-tartarischen Sprachfamilie geht kek, kök, blau, mit welchem Begriffe sich hier auch der des grünen — wie wir dies auch sonst finden werden — gänzlich vermischt, ebenfalls aus grau hervor. Dasselbe findet sich auch in dem Baskischen." — Auf S. 337 sagt er: „Das Aramäische hat ein selbstständiges Wort für die blaue Farbe ebensowenig wie das Hebräische entwickelt." — Endlich zieht er S. 316 f. aus den soeben genannten Thatsachen folgende Schlüsse: „Das allmähliche Auftreten des Begriffes blau an Worten, welche von der allgemeinen Wahrnehmung des Dunklen oder Schwärzlichen vorher zu der Nüancirung des Grauen übergegangen waren, lässt keine andere Erklärung zu, als dass die Farbenanschauung des Blauen sich stufenweise aus der des Dunkels selbst entwickelte, mit dem tiefsten Dunkelblau beginnend, welches anfangs weit mehr, als sich von dem Standpunkte unseres Sinnenzustandes aus begreifen liesse, als blosse Nüancirung des Schwärzlichen, wie ausser grau noch braun gesehen wurde. Dies Verhältniss wird vollständig aus Verwechselungen zwischen schwarz, grau, braun und blau bewiesen, die uns heutzutage kaum verständlich und gleichwohl noch bis in das späte Alterthum herab nachweisbar sind."

In ähnlicher, nicht minder characteristischer Weise bespricht Geiger die Bedeutung und Entwickelung des Begriffes Blau bei den verschiedensten Völkern in dem von uns schon mehrfach benützten und citirten Werk: Zur Entwickelungsgeschichte der Menschheit. Stuttgart 1871. Auf S. 46 dieses Werkes heisst es: „Auf einer frühen Stufe fehlt, trotz tausendfach nahe liegender und oft dringend gebietender Gelegenheit, die Erwähnung der blauen Farbe gänzlich." Ferner sagt er S. 47: „Die Lieder des Rigveda sind fast in ihrer Gesammtheit mit Schilderungen des Himmels angefüllt; kaum ein anderer Gegenstand findet sich häufiger erwähnt; das Farbenspiel, das Sonne und Morgenröthe täglich an ihm bilden, Tag und Nacht, Wolken und Blitze, Luftraum und Aether, dies alles wird in unerschöpflicher Fülle immer und immer wieder mit aller Pracht vor uns entfaltet: nur dass der Himmel blau ist, würde, wer es nicht wüsste, es aus diesen uralten Gedichten nicht erfahren können. Die Vedalieder vertreten die alterthümlichste Stufe des menschlichen Geistes, die sich in der Literatur (wenn man mündlich fortgepflanzte Lieder so nennen darf) überhaupt erhalten hat. Aber was die blaue Farbe betrifft, so lässt sich dieselbe Bemerkung in Betreff des Zendavesta machen, der Bücher der Parsen, denen Licht und Feuer, das irdische wie das himmlische, bekanntlich überaus heilig sind, und bei denen man eine ähnliche Aufmerksamkeit auf die Farbenwelt des Himmels erwarten muss, wie in den Veden. Die Bibel, in welcher bekanntlich der Himmel ebenfalls keine kleine Rolle spielt, die seiner in ihrem ersten Verse erwähnt, und ihn sonst noch über 450 Mal nennt, von seinen sinnverwandten Ausdrücken, wie Aether u. s. w., ganz abgesehen, findet doch keine Gelegenheit, der blauen Farbe zu gedenken. Ja auch in den homerischen Gedichten ist der blaue Himmel nicht erwähnt, und doch wirkt er in den Gegenden, wo sie entstanden sind, auf jeden Besucher mit so ganz besonderem Reize." — Ebendas. S. 49 finden wir Folgendes: „Die Wörter, welche in irgend einer Sprache für blau gebraucht werden, bedeuten zu kleinerem Theile ursprünglich grün; der grösste Theil derselben hat in der frühesten Zeit schwarz bedeutet. Es gilt dies von unserem Blau, welches sich im Altnordischen in der Zusammensetzung blâ — madhr, schwarzer Mann, Mohr findet, und auch mit dem englischen black verwandt ist. Es gilt ebenso, um eines entfernt liegenden Beispiels zu erwähnen, von dem chinesischen hiuan, das heute himmelblau, aber im Alterthum schwarz bedeutet; in alten Büchern kommt es in der Verbindung hiuan te vor: te heisst Tugend oder Verdienst, beide Wörter natürlich nicht blaues Verdienst, sondern dunkles oder unbekanntes. Ein Wort für Blau, das jetzt über einen grossen Theil von Asien verbreitet ist, ist nil, wahrscheinlich dasselbe wie der Flussname Nil, der von den Persern herzurühren scheint. Auch nila bedeutet in alten Schriften nur schwarz und ist nichts als die indische Form des lateinischen niger." Endlich vergl. man noch S. 52: „Die romanischen Sprachen fanden in der That kein verwendbares Wort für blau in der römischen Grundsprache vor und mussten es zum Theil von den Deutschen borgen. So sind unter Anderem das französiche bleu und das ältere italienische biavo bekanntlich unserem blau entlehnt, das selbst, wie gesagt, in der ältesten Zeit schwarz bedeutete. Auch der Koran kennt das Blau noch nicht, soviel auch vom Himmel darin die Rede ist. In den Eddaliedern wird der blaue Himmel ebenfalls nicht erwähnt."

Diese den Literaturen der verschiedensten Völker entlehnten Beispiele werden genügen, um den Nachweis zu führen, dass sich überall der Entwickelungsgang des Begriffes Blau in gleicher Weise vollzogen habe; dass er ursprünglich in der Vorstellung des Schwarzen vollständig enthalten war und erst ganz allmählich aus diesem sich loslösend zu der Höhe einer specifischen Farbenempfindung sich aufschwang. Es erübrigt daher blos noch, zu untersuchen, wie sich diese Verhältnisse im griechischen und römischen Alterthum gestaltet haben.

In der homerischen Zeit haftet dem Ausdruck κυάνεος, welcher in den späteren Perioden des Griechenthums Blau bedeutet, noch keine Spur einer derartigen Farbenvorstellung an; vielmehr geht aus dem Gebrauch, welchen Homer von diesem Worte gemacht hat, nur zu deutlich hervor, dass er mit demselben lediglich die Vorstellung des Dunklen und Schattenreichen verknüpft haben könne. In diesem Sinne wird es wiederholentlich gebraucht, um die Farbe der Haare des Hector, des Odysseus, der Hera, des Zeus zu bezeichnen. So heisst es z. B. Ilias I. 528:

„Ἡ καὶ κυανέῃσιν ἐπ' ὀφρύσι νεῦσε Κρονίων."

„Er sprach es und mit den dunklen Augenbrauen winkte er." — Niemandem aber wird es im Ernste einfallen, an dieser Stelle κυάνεος mit der ihm eben erst später eigenthümlich gewordenen Bedeutung von Blau zu identificiren und von blauen Augenbrauen zu reden. Höchstens könnte man noch, wie dies wohl auch wiederholentlich die philologischen Erklärer gethan haben, κυάνεος hier mit blauschwarz wiedergeben. In diesem Falle aber hat das Wort eben nicht mehr die Bedeutung von Blau, sondern von wirklichem, höchst ausgesprochenem Schwarz; denn die sogenannte blauschwarze Farbe der Haare ist ja eben nichts anderes, als das dunkelste und tiefste Schwarz.

Sodann wird κυάνεος auch von schwarzen Gewändern gesagt, so namentlich in der Ilias (Ω: 93. 94) von dem Trauergewande der Thetis:

.... κάλυμμ' ἕλε δῖα θεάων
Κυάνεον, τοῦ δ'οὔτι μελάντερον ἔπλετο ἔσθος.

„Die Göttin ergriff eine dunkle Hülle, schwarz wie kein anderes Gewand." Durch den erklärenden Zusatz von μέλας: schwarz, wird der Farbenwerth von κυάνεος gerade an dieser Stelle so deutlich characterisirt, dass ein Zweifel an seiner Bedeutung als Schwarz gänzlich unberechtigt sein dürfte. An anderen Stellen wird gleichfalls durch den erläuternden Zusatz von μέλας darauf hingewiesen, dass κυάνεος nur dunkel heissen und keinerlei blauen Farbenton vertreten solle; so z. B. Ilias (Λ 24. 35). Desgleichen wird mit besonderer Vorliebe die dunkle, schwärzliche Farbe unheilschwangerer Wolken von Homer mit dem Ausdruck κυάνεος bezeichnet, was auch Geiger[1]) bemerkt, wenn er sagt: „Am Häufigsten

---

[1]) Geiger. Ursprung u. s. w. p. 307 u. 308.

aber ist das Wort vom Wolkendunkel gebraucht, von der Sturmwolke — dreimal in der Odyssee — der Wolke, mit der Apollo unsichtbar macht — zweimal in der Ilias — daher „die schwarze Wolke des Todes umhüllte ihn" (Il. Υ, 418), und bildlich (Il. Δ, 274 ff.): „die Wolke des Fussvolkes — wie der Ziegenhirt von ferne eine Wolke sieht, schwärzer (μελάντερον) als Pech über das Meer ziehen, Sturm bringend, so bewegten sich die dunkelen Reihen (φάλαγγες κυάνεαι) geführt von Ajax;" ebenso (Il. II, 66): „wenn dann die schwarze Wolke der Troer (κυάνεον Τρώων νέφος) die Schiffe umzieht;" wozu die ähnlichen Worte Odyss. M 75 zu vergleichen sind.

Dass in all den soeben angeführten Wendungen Homer sicherlich nicht daran gedacht haben konnte, κυάνεος mit blau auf eine Stufe zu stellen, bedarf wohl kaum noch einer besonderen Versicherung. Ja selbst wenn der erklärende Zusatz von Schwarz, μέλας, mit dem der Dichter an einzelnen Stellen noch ganz besonders den von ihm geschilderten Farbenton zu kennzeichnen sucht, fehlte, so würde doch wohl ein Jeder das Wort κυάνεος hier nur auf jenen dunklen, grauschwarzen Farbenton beziehen, wie er sich ja oft genug an wetterschweren Wolken zeigt.

Uebrigens besitzen wir für die Thatsache, dass der Sinn des Wortes für Blau in gewissen Zeiten des griechischen Alterthums vollständig mit der Vorstellung des Dunklen zusammenfiel, auch noch andere höchst characteristische Beweisstellen. Im Besonderen geht aus den Werken der verschiedensten griechischen Schriftsteller hervor, dass man zu jenen Zeiten die Farbe gewisser Blumen, welche unser heutiges höher entwickeltes Auge als Blau, resp. Violett empfindet, eben nicht als Blau oder Violett ansah, sondern in ihr einfach nichts wie ein mehr oder minder ausgesprochenes Dunkel erblickte. Geiger[1]) hat mehrere von diesen Stellen gesammelt und zusammengestellt, die wir hier vorzuführen uns erlauben. „In der Odyssee werden die Haare des Odysseus", so sagt er, „mit der Hyacinthblume verglichen, und mit Recht beziehen dies die griechischen Erklärer, denen diese Anschauung nicht so fremd wie uns war, auf die Farbe. In demselben Sinne spricht Pindar von Veilchenflechten (P. 1. 1), Veilchenlocken (Ol. 6. 30. Isthm. 6. 23), womit ἰοειδής als Beiwort des Meeres bei Homer (Il. 11. 298. Od. 5. 56. 11. 107), der Quelle bei Hesiod (Th. 3) und ἴοεις als Beiwort des Eisens (Il. 23. 850) zu vergleichen sind. Und so konnte noch Theocrit und ihm nachfolgend Virgil die sonnengebräunte Farbe eines schönen Antlitzes entschuldigend sagen, es seien doch auch die Veilchen schwarz und die Hyacinthen (Theocr. 10. 28. Virg. Ecl. 10. 39)."

---

[1]) a. a. O. p. 316 u. 317.

Auf Grund dieser Nachweisungen werden wir nunmehr unweiger-
lich zu der Annahme gedrängt, dass in gewissen Perioden des griechischen Alterthums, jedenfalls aber schon in der homerischen Zeit,[1]) das
Verständniss, die Empfindlichkeit für Blau in der menschlichen Netzhaut noch nicht geweckt war; dass die Empfindung des Blau in den
sensitiven Elementen der Netzhaut noch nicht als specifischer Erregungs-
vorgang sich bemerkbar und fühlbar machte, sondern noch völlig mit
der Empfindung eines mehr oder minder ausgesprochenen Dunkels zusammenfiel. Halten wir dies fest, so wird uns auch verständlich, warum
Homer in all seinen Dichtungen auch nicht ein einziges Mal der Bläue
des Himmels gedenkt, und noch dazu der Bläue des griechischen Himmels, die bei uns durch ihren intensiven und lebhaften Farbenton fast
sprüchwörtlich geworden ist. Desgleichen verstehen wir es jetzt, weshalb
Homer da von κυάνεος reden kann, wo wir von Grau oder einem fahlen
dunklen Ton sprechen würden, wie z. B. Odyss. 12, 242 und 243, wo
es heisst:

$$\ldots\ldots \text{ὑπένερθε δὲ γαῖα φάνεσκε}$$
$$\text{ψάμμῳ κυανέῃ.}$$

Infolge der soeben genannten Thatsachen hat es denn auch nicht
an Autoren[2]) gefehlt, welche — und mit Recht — der homerischen
Zeit die Fähigkeit, Blau zu empfinden, völlig aberkennen und behaupten,
Blau wäre dazumal durch Schwarz ersetzt worden und habe sich aus
dem Begriff des Dunklen, Schattenreichen noch nicht zu einer specifischen
Farbenempfindung entwickelt gehabt.

Auch in der nachhomerischen Zeit lässt sich die Stumpfheit und
Unempfindlichkeit für die verschiedenen Töne des Blau noch in mehr
oder minder deutlicher Weise erkennen. So scheinen die Pythagoräer
noch keinen wesentlichen Unterschied zwischen Blau und Dunkel gekannt zu haben. Göthe (Materialien zur Geschichte der Farbenlehre.
Stuttgart 1860. B. 6. p. 278) bemerkt deshalb sehr treffend: „Wenn
auch sie (die Pythagoräer) das Blau nicht nennen, so werden wir aber-
mals erinnert, dass das Blau mit dem Dunklen und Schattigen dergestalt
innig verwandt ist, dass man es lange Zeit dazuzählen konnte“. Ebenso
dürfte Xenophanes eines derartigen Unterschiedes sich noch nicht deutlich

---

[1]) Es ist übrigens bereits schon früher auf Grund des eigenthümlichen homerischen Gebrauchs der Wörter für die Farben die Behauptung aufgestellt worden,
dass die Ursache für diese auffallende Erscheinung eben nur in dem mangelhaften
Farbensinn jener Periode zu suchen sei. In besonders überzeugender Weise hat
Gladstone diese Ansicht verfochten (Studies on Homer u. s. w.)

[2]) Man vergleiche: Wiegmann. Die Malerei der Alten in ihrer Anwendung
und Technik. Hannover 1836. Cap. X. p. 213.

bewusst gewesen sein; da er, wie wir bereits im Lauf dieser Untersuchung bemerkt haben, an dem Regenbogen den blauen Farbenton noch
gar nicht gekannt hat, sondern nur drei Farben: Purpur, Roth und
Gelbgrün an demselben zu unterscheiden im Stande war. Dagegen hat
bei Plato der Ausdruck κυάνεος bereits vollständig die Vorstellung von
Blau erlangt; obgleich auch er ihm den Nebenbegriff des Dunklen und
Schattenreichen immer noch anhaften lässt. Denn Plato (Timaeus 68 c.)
nennt das Schwarz ausdrücklich als einen Hauptbestandtheil der blauen
Farbe. Aber auch Aristoteles[1]) giebt an, dass das Blau, resp. Violett,
sich vom Roth durch ein Ueberwiegen des Schwarzen unterscheide
(Meteorolog III. 4. 374. a. 27. und 374. b. 31). Desgleichen lässt die
Beschreibung, welche Theophrast (De sensu et sensil. §. 77) von dem
Farbenwerth des κυάνεος macht, eine sehr schattenreiche und dunkle
Farbe in demselben erkennen, da nach ihm das Blau aus tief dunklen,
dem Schwarz nahestehenden Grün und Feuerfarbe[2]) besteht. Im Hinblick aber auf diese Auffassung des Farbeneindrucks vom Blau wird es
nunmehr auch nicht mehr auffallend erscheinen, wenn, wie wir bereits
vorhin erwähnten, Pindar die Farbe des Haares mit der des Veilchens
vergleicht, Theophrast aber die Farbe der Veilchen geradezu schwarz nennt.

[1]) Wenn der Farbensinn in der aristotelischen Zeit bereits auch schon eine
hohe Stufe seiner Entwickelung erreicht hatte und sämmtliche Spectralfarben durch
specifische Empfindungsvorgänge zu unterscheiden vermochte: so scheint er doch
insofern unserm heutigen modernen Farbensinn gegenüber ein beschränkterer gewesen
zu sein, als er für die dunklen Farbentöne noch nicht ein so feines Unterscheidungsvermögen besessen haben dürfte. An allen dunklen Nüancen, mochten sie nun
Blau, Grün, Braun oder irgend einer anderen Farbe angehören, galt damals nicht
sowohl der Farbenton für das Characteristische, als vielmehr das Dunkle und Schattenreiche. Berücksichtigen wir diese Eigenthümlichkeit des aristotelischen Farbensinnes, so wird es uns verständlich, warum Aristoteles alle dunklen Farbentöne
häufig nicht mit dem ihrem Farbenwerth zukommenden Beiwort, sondern schlechthin nur μέλας nennt. So giebt er z. B. der Regenbogenhaut den Namen τὸ μέλας,
trotzdem dieselbe niemals wirklich schwarz, sondern nur dunkel, sei es dunkelbraun,
sei es dunkelgrau u. s. w. ist. (Histor. animal. Lib. 1. Cap. 9 §. 42.) Mithin war
für Aristoteles an den dunkel gefärbten Augen nicht sowohl deren eigentlicher Farbenton das Bemerkenswerthe, als vielmehr ausschliesslich nur die Dunkelheit derselben. Erwägen wir dagegen, dass der heutige Farbensinn auch an den dunkelsten
Farben immer noch deren Farbenwerth als das eigentlich Characteristische auffasst,
dass eben der Farbencharacter unter allen Umständen für uns das Wichtigste ist,
so werden wir alsbald eingestehen müssen, dass der aristotelische Farbensinn trotz
seiner relativ hohen Ausbildung doch immer noch auf einer entschieden niedrigeren
Stufe stand, wie der moderne, und dass sich diese geringere Ausbildung eben in
einer gewissen Stumpfheit für die dunkleren Farbentöne zu erkennen gab.

[2]) Τὸ δὲ κυανοῦν ἐξ ἰσάτιδος καὶ πυρώδους, σχημάτων δὲ περιφερῶν καὶ μελανοειδῶν,
ὅπως τὸ στιλβὸν τῷ μέλανι ἐνῇ.

Diese Vorstellung des Schwarzen und Schattenreichen scheint während des ganzen griechischen Alterthums der Vorstellung von Blau an-
gehaftet, ja sich noch bis tief in die christliche Zeit hinein erhalten zu
haben. So trägt z. B. selbst Suidas noch kein Bedenken, κυάνεος mit
Schwarz zu identificiren (Band II. p. 388), oder doch wenigstens die Behauptung auszusprechen, dass Blau eine Farbe sei, welche dem Schwarz
nahe stünde (B. III. p. 588 u. 589). Es scheint demnach, als wäre die
blaue Farbe selbst dann, als sie bereits von den Philosophen als solche
erkannt und von dem Begriff des Schwarzen und Dunkeln gesondert
worden war, immer noch, wenigstens für die dichterische Auffassung,
sowie die Volksanschauung überhaupt, dem Dunkeln für so nahe erachtet
worden, dass man für gewöhnlich die beiden Begriffe Blau und Schwarz
noch nicht scharf von einander zu scheiden pflegte. Es mag vielleicht,
worauf auch Geiger mit Recht aufmerksam macht, damals zwischen
Schwarz und Blau ein ähnliches Verhältniss maassgebend gewesen sein,
wie heute zwischen gewissen Tönen von Blau und Violett. Denn
wenn Blau und Violett gegenwärtig auch als zwei völlig gesonderte
und durchaus selbstständige Farben erkannt werden und als solche auch
allgemein gelten: so kann man doch täglich die Erfahrung machen, dass
gewisse Schattirungen des Blau von Vielen geradezu als Violett angesehen, oder doch wenigstens nur mit Mühe von demselben unterschieden
werden.

Genau dieselben Erscheinungen, wie wir sie soeben an κυάνεος beobachtet haben, finden sich im lateinischen Alterthum an caeruleus wieder.
Denn auch dieser Ausdruck bedeutete ursprünglich nur ein mehr oder
minder ausgesprochenes Dunkel, vom Graugrün, resp. Graublau, bis zum
tiefsten Schwarz, und vertauschte erst im Laufe einer längeren Entwickelung diese Bedeutung mit der von Blau. Namentlich gebraucht Vergil
in den verschiedensten Stellen seiner Werke caeruleus geradezu im Sinne
von Schwarz. So belegt er in dem Gedichte Ciris 215 die dunkeln
Schatten mit diesem Worte, wenn er sagt:

> Caeruleas sua furta prius testatur ad umbras.

In der Aenide III. 62 u. 63 bemerkt er bei der Beschreibung der zu
Ehren der Bestattung des Polydorus angestellten Feierlichkeiten:

> ...... stant manibus arae
> Caeruleis maestae vittis atraque cupresso;

nach Voss' Uebersetzung:

> ... es stehen Altäre den Manen
> Traurig in düstere Binden gehüllt und dunkle Cypressen.

Auch fasst der bekannte Erklärer des Vergil, Servius, ähnlich diese Stelle dahin auf, dass er caeruleus mit Schwarz, niger, identificirt. Da er aber zugleich die Bemerkung hinzufügt, die Alten hätten unter caeruleus schwarz verstanden, so geht aus dieser Bemerkung, worauf übrigens auch bereits Geiger hindeutet, wenigstens stillschweigend hervor, dass zu den Zeiten des Servius caeruleus eben noch eine andere Bedeutung als blos die der Alten, nämlich des Schwarzen, gehabt habe. Aehnlich heisst ferner in der Aeneis VI. 410 der stygische Kahn „caerulea puppis", und zwar offenbar in dem Sinne von Grau oder Dunkel. Denn wenn Voss diese Worte mit „bläuliches Boot" übersetzt, so hat er die Bedeutung von caeruleus an dieser Stelle augenscheinlich nicht sehr glücklich wiedergegeben; da Vergil offenbar nicht im Sinne haben konnte, dem stygischen Kahn eine blaue Farbe beizulegen, sondern vielmehr blos dessen düsteres, dunkles und schattenreiches Aussehen zu schildern. Dies geht aber auch daraus deutlich genug hervor, dass er an einem anderen Orte (Aen. VI. 303) das düstere Aeussere dieses Bootes mit dem Beiwort ferruginea belegt; ausserdem aber auch die dunkle, wetterschwere Wolke (Aeneis VIII. 622) mit dem Ausdruck caerulea benennt.

Dazu kommt, dass dieser Ausdruck in ähnlicher Bedeutung auch bei den verschiedensten anderen römischen Schriftstellern sich vorfindet. So benützt Ovid[1]) denselben, um die graue Farbe gewisser Pferde zu beschreiben (Fast. IV. 446); man könnte caeruleus equus vielleicht mit unserem „Apfelschimmel" wiedergeben. Ferner nennt Valerius Flaccus[2]) (Argonaut. III. 399) die tiefe Finsterniss caeruleus in der Stelle:

Cimmerium domus et superis incognita tellus
Caeruleo tenebrosa situ: quo flammea nunquam
Sol juga, sidereos nec mittit Jupiter annos.

In derselben Wendung gebraucht Papinius Statius[3]) caeruleus, um die Nacht (Sylvae. Lib. I. VI. 85) zu bezeichnen, oder um das Düstere des Schattens auszudrücken (Thebaidos II. 528).

Aehnlich gebraucht Juvenalis (Satyr. XIV. 126) das Wort caeruleus, um einen dunklen, grauen Ton zu bezeichnen, wenn er sagt:

.... neque enim omnia sustinet unquam,
Mucida coerulei panis consumere frusta.

Unstreitig aber wäre es doch wahrlich höchst wunderlich, wenn man caeruleus an letzterer Stelle in irgendwelche Beziehung zu einem bläu-

---

1) Ovidius Naso, geb. 43 a. C., gest. 17. p. C.
2) Valerius Flaccus, wahrscheinlich aus Padua, gest. 88 p. C.
3) Papinius Statius, geb. 61 zu Neapolis, gest. 95 ebendaselbst.

lichen Farbenton bringen wollte; da caeruleus panis eben genau nur dasselbe als unser heutiges Schwarzbrot sein kann. — Endlich sei der Kürze wegen hier schliesslich nur noch bemerkt, dass Cassiodorus, dessen Blüthe in das fünfte und sechste nachchristliche Jahrhundert fällt, caeruleus zwar schon in der Bedeutung von Blau kennt, gleichwohl aber die Vorstellung des Schattigen und Düsteren von demselben noch nicht ganz abzustreifen vermag; wenn er (Epist. var. III. ep. 51) sagt, dass die blaue Farbe, welche die eine Parthei bei den Circusspielen führte, den wolkigen Winter andeuten solle und er folglich mit der blauen Farbe offenbar noch die Vorstellung eines Düsteren und Schattenreichen verbindet.

Uebrigens dürfte die Kenntniss der verschiedenen Schattirungen und Nüancirungen der blauen Farbe kaum dem Boden des griechischen oder lateinischen Alterthums ihre Entstehung zu danken haben, sondern scheint vielmehr aus Aegypten eingeführt worden zu sein. Wenigstens erzählt Theophrast (De lapidibus), dass die künstliche Fabrication der verschiedenen Schattirungen der blauen Farbe von einem der alten ägyptischen Könige erfunden worden sei; Angaben, denen wir auch bei Vitruv begegnen, welcher ausdrücklich sagt: „Caerulei temperationes Alexandriae primum sunt inventae" (De architectura. Lib. VII. Cap. XI).

Uebrigens scheint es sogar heut zu Tage noch Völkerschaften mit einer so geringen Entwickelung des Farbensinnes zu geben, dass sie Blau noch nicht völlig durch einen specifischen, selbstständigen Empfindungsvorgang von anderen Farbentönen zu scheiden im Stande sind. Wenigstens dürfen wir dies aus der folgenden Bemerkung von Bastian[1]) schliessen: „In seinen Ausführungen über den Farbensinn der Urzeit, über das Fehlen des Blau in den Vedas, im Zendavesta, in der Bibel, bei Homer, bemerkt Geiger, dass die für Blau gebrauchten Wörter zum kleineren Theil ursprünglich grün bedeuten, während der grösste Theil in der frühesten Zeit schwarz bedeutet habe. Es giebt manche Sprachen, die nur ein Wort für beide Farben haben, andere, die gesonderte Bezeichnungen besitzen, aber dieselben nicht in unserer Weise scheiden, sondern Mancherlei blau nennen, was wir als grün bezeichnen würden und umgekehrt. Mein Diener in Birma entschuldigte sich einst, eine von mir als blau (pya) bezeichnete Flasche nicht haben finden zu können, sie sei ja grün (zehn). Um ihm durch gründliche Verspottung seiner Mitgesellen zu bestrafen, hielt ich ihm in Gegenwart dieser seine Verrücktheit vor, sah aber, dass nicht über ihn, sondern über mich gelacht wurde, sodass mir

---

[1]) Zeitschrift für Ethnologie. Band 1. Miscellen. p. 89. Berlin 1869.

das Gefühl ankam, wie es Goethe in Gegenwart Akyanobleptischer beschreibt".

§. 4. Rückblick auf den Zustand des Farbensinnes in den verschiedenen Entwickelungsphasen des Menschengeschlechtes.

Werfen wir zum Schluss dieses Kapitels nun noch einen prüfenden Blick auf die Ergebnisse, zu welchen wir im Lauf unserer Betrachtung bis jetzt gelangt sind, so können wir dieselben in folgenden Sätzen zusammenfassen:

1) In seiner ersten und primitivsten Entwickelungsperiode beschränkte sich der Farbensinn nur erst auf die Empfänglichkeit für Roth; jedoch war auch diese Empfindung noch keine reine und deutlich ausgesprochene, sondern fiel zum Theil noch mit der des Hellen und Lichtreichen zusammen, so dass Weiss und Roth noch keine scharf geschiedenen Begriffe waren. Da nun aber die Empfindung des Hellen, Lichtreichen und des Dunkeln, Schattigen nicht sowohl eine Function des Farben-, als vielmehr des Lichtsinnes ist, so dürfte in dieser Periode der Lichtsinn, d. h. die Fähigkeit, die verschiedenen Lichtquantitäten zu empfinden, nur noch die einzige Functionsäusserung der Netzhaut gewesen sein und folglich der Farbensinn sich nur erst in wenig characteristischen und höchst untergeordneten Spuren bemerkbar gemacht haben.

2) In der folgenden Phase seiner Entwickelung tritt der Farbensinn schon in einen scharfen und deutlich ausgesprochenen Gegensatz zu dem Lichtsinn. Die Empfänglichkeit für Roth und Gelb löst sich von der des Hellen, mit der sie bis dahin verschmolzen war, vollständig los und gewinnt den Character einer selbstständigen und characteristischen Farbenempfindung.

3) Im weiteren Verlauf gestaltet sich die Entwickelung des Farbensinnes der Art, dass an die Fähigkeit, die lichtreichen Farben Roth und Gelb zu empfinden, sich die Empfänglichkeit für die Farben mittlerer Lichtstärke, also die verschiedenen Nüançen des Grün, anschliesst. Im Besonderen entwickelt sich die Kenntniss der hellen Töne des Grün aus der Vorstellung des fahlen Gelb, während die des dunklen Grün aus der allgemeinen Vorstellung des Dunklen und Schattenreichen hervorgeht.

4) Das Empfindungsvermögen für die lichtschwachen Farben Blau und Violett, tritt zuletzt auf, indem es sich ganz allmählich aus der

Vorstellung des Dunklen, in der es bis dahin vollständig aufging, loslöst.

Mithin ist der Entwickelungsgang, welchen der Farbensinn eingeschlagen hat, in der Weise erfolgt, dass er, entsprechend der Reihenfolge der prismatischen Farben, bei den lichtreichsten Farben begonnen hat und, genau an die allmähliche Lichtabschwächung der SpectralFarben sich haltend, durch Grün zu Blau und Violett vorgeschritten ist.

Drittes Kapitel.

Physiologische Betrachtungen über die Entwickelung des Farbensinnes.

Versuchen wir es nun, die im Vorhergehenden gewonnenen Ergebnisse physiologisch zu verstehen und für sie eine physiologische Gesetzmässigkeit zu finden: so werden es hauptsächlich zwei Fragen sein, welche unsere ganz besondere Aufmerksamkeit in Anspruch nehmen; nämlich einmal die Frage: Wie haben wir uns physiologisch die ursprüngliche Entwickelung des Farbensinnes zu denken? und das andere Mal: Wie hat sich, nachdem die Entwickelung des Farbensinnes eingeleitet und angeregt worden war, der weitere Verlauf derselben gestaltet? Bei Beantwortung zuvörderst der ersten Frage:

Wie haben wir uns physiologisch die ursprüngliche Entwickelung des Farbensinnes zu denken?

müssen wir vor Allem die Thatsache festhalten, dass es nachweislich eine Periode in der menschlichen Entwickelung gegeben habe, wo der Farbensinn noch auf einer Stufe der Ausbildung stand, auf welcher seine einzige Functionsäusserung, die Empfänglichkeit für Roth, noch zum grossen Theil mit der Empfindung und Vorstellung des Hellen, Lichtvollen zusammenfiel; dass sich also damals Lichtsinn und Farbensinn noch nicht scharf von einander getrennt und zu besonderen Functionen der Netzhaut entwickelt hatten. Gestützt auf diese oben (S. 41) nachgewiesene Thatsache, werden wir eigentlich schon von selbst zu der Vermuthung gedrängt, dass vor jener Epoche möglicherweise bereits eine andere vorausgegangen sein könne, in welcher auch diese primitivsten Spuren des Farbensinnes gefehlt haben; wo also die Fähigkeit, Farben zu sehen, der menschlichen Netzhaut noch vollständig mangelte und deren Thätigkeit nur darauf beschränkt war, die verschiedenen Grade von Hell und Dunkel zu unterscheiden. Diese Annahme, so befremdend sie auch auf den ersten Blick sein möge, gewinnt dennoch sehr an Wahrscheinlichkeit und Berechtigung, sobald wir den Zustand des Farbensinnes in den verschiedenen Entwickelungsphasen des Menschengeschlechtes, wie ihn uns unsere Untersuchung bisher gezeigt hat, näher ins Auge fassen. Denn wenn, wie wir gesehen haben, der Farbensinn seine heutige umfangreiche Leistungsfähigkeit durchaus nicht von Anfang besessen, sondern vielmehr dieselbe erst im Lauf einer ganz allmählich fortschreitenden Entwickelung zu erreichen vermocht hat: so werden wir schon aus diesem Grunde vermuthen dürfen, dass auch jene nach den ältesten literarischen Spuren schon damals vorhandene Entwickelung des Farbensinnes keineswegs eine bereits von Anfang an fertige gewesen sein könne, sondern dass auch in den vorangegangenen frühesten Perioden, von denen wir keine schriftlichen Ueberlieferungen mehr besitzen, eine noch niedrigere Stufe der Entwickelung des Farbensinnes, als welche wir in allen Epochen der historischen Zeit nachzuweisen im Stande waren, vorhanden gewesen sein müsse. Diese noch niedrigere Stufe in der Ausbildung des Farbensinnes aber dürfte sich näher dahin characterisiren lassen, dass damals die menschliche Netzhaut an jedem sie treffenden und erregenden Lichtstrahl überhaupt nur dessen Quantität, nicht aber dessen Qualität, also dessen Farbe empfunden habe. Die Wahrscheinlichkeit dieser Annahme eines uranfänglichen Ausgangspunktes des Farbensinnes von der Empfindungslosigkeit für die Farbe [1]) lässt sich zunächst schon schlussweise aus der allgemeinen Thatsache begründen, dass alle organischen Gebilde mittelst einer allmählichen Entwickelung aus einer beziehentlich niedrigsten Anfangsstufe zu einer nach und nach immer grösseren Vervollkommnung sich erheben. — Allein die Haltbarkeit unserer Vermuthung wird ausserdem auch noch durch mancherlei Andeutungen bei den alten Griechen, im Besonderen durch die Wahrnehmung bestätigt, dass in ihrer Farbenwelt die Vorstellungen des Hellen und Dunkeln eine ganz besonders bevorzugte Stellung einnahmen. Fast alle griechischen Philosophen erblicken in den Empfindungen des Hellen, Lichtreichen und Dunkeln, Schattigen die Grundbedingungen und die uner-

---

[1]) Sprechen wir hier von einer Zeit der Farblosigkeit: so verstehen wir diesen Ausdruck natürlich nur in subjectivem, nicht aber in objectivem Sinne. Farben im objectiven Sinne hat es zu allen Perioden der historischen wie prähistorischen Zeit gegeben; die Bläue des Himmels, das Grün der Pflanzen, die buntschillernde Pracht der Blumen, sie waren ebenso Vorkommnisse der ältesten wie jüngsten Perioden unserer Zeitrechnung. Die Aethertheilchen folgten früher ganz ebenso wie noch heute den überaus schnellen Schwingungen des violetten Lichtstrahles und sie bewegten sich in dem gemächlicheren und ruhigeren Wellentempo des rothen Lichtes genau auf die gleiche Weise, wie sie dies auch noch heute thun. Nur war die

lässlichen Voraussetzungen eines jeden Farbensehens. Die Begriffe Hell und Dunkel liegen nach ihrer Anschauung als unmittelbarste Veranlassungen der Entstehung einer jeden Farbe zu Grunde; aus Schwarz und Weiss setzen sich nach ihnen alle übrigen Farben zusammen. So sagt z. B. Empedocles:[1]) „τό τε λευκὸν καὶ τὸ μέλαν ἀρχαί, τὰ δ' ἄλλα μιγνυμένων γίνεται τούτων". Der gleichen Auffassung begegnen wir bei Plato (Tim. 68), bei Aristoteles (De Sensu et Sensili Cap. 3) u. A. A. Im Besonderen nahmen die Einen an, dass alle Farben durch eine gewöhnliche Mischung von Schwarz und Weiss entständen; während die Anderen ein höheres Verhältniss, als das einer gemeinen Mischung zu Grunde legten. Demgemäss erklärt z. B. Aristoteles (De Sensu et Sensili C. 3) die Entstehung der Farben aus Hell und Dunkel folgendermaassen: „Es könne das Weisse und Schwarze so neben einander gestellt sein, dass jedes Einzelne wegen seiner Kleinheit unsichtbar ist, das aus beiden Bestehende aber auf diese Weise fühlbar wird. Selbiges nämlich kann weder als Weiss noch als Schwarz erscheinen; weil es aber nothwendig eine Farbe haben muss, von dem Weissen und dem Schwarzen aber keine möglich ist: so muss es eine andere Art von Farbe, nämlich eine gemischte Farbe geben. Auf diese Weise kann man etwa annehmen, dass ausser dem Weissen und Schwarzen noch mehrere andere Farben vorhanden seien, viele jedoch nur durch ein Verhältniss, indem nämlich drei zu zwei, drei zu vier und noch andere Zahlen neben einander gestellt sein können. Andere aber brauchen überhaupt nach keinem Verhältniss, sondern nur nach einem unbestimmbaren Uebermaass und Mangel zusammengestellt zu sein, und diese können sich auf dieselbe Art verhalten, wie das Zusammenklingende in der Musik. Denn die ersteren in gefällig sich verhaltenden Zahlen sind Farben, welche wie dort das Zusammenklingende, die lieblichsten Farben zu sein scheinen, wie das ächt Purpurne und Rothe und einige wenige derartige; eben deswegen, weil auch der harmonischen Klänge wenige sind; die anderen aber, die nicht im Zahlenverhältniss stehenden, sind die übrigen Farben."

Hiernach sah also auch Aristoteles in allen Farben nichts mehr und

---

menschliche Netzhaut nicht zu allen Zeiten auch in derselben Weise befähigt, auf diese Unterschiede in der Schwingungsdauer zu reagiren und sie in specifische Empfindungen umzusetzen. So dass wir eben nur in diesem Sinne da von einer Zeit der Farblosigkeit reden können, wo die Retina an den sie erschütternden Aetherwellen zwar die Grösse der Oscillationscomplitude, aber noch nicht die Oscillationsdauer als gesonderten Empfindungsvorgang aufzufassen und festzuhalten vermochte.

[1]) Philippson. Ὕλη ἀνθρωπίνη. Berolini 1831. §. 59. p. 132.

nichts weniger, als harmonische Verbindungen von Weiss und Schwarz. Die Netzhaut wurde nach ihm zu der Empfindung einer Farbe nicht durch deren specifischen Farbenwerth angeregt, sondern nur durch gewisse Gruppirungsformen von Hell und Dunkel, oder wie Helmholtz[1] sehr treffend bemerkt, durch ein atomistisches Ueber- oder Nebeneinanderliegen von Schwarz und Weiss. Der Begriff, die Vorstellung einer jeden Farbe, z. B. des Roth, hatte also für Aristoteles nichts Specifisches und Charackteristisches, — wie dies doch für unser heutiges Urtheil der Fall ist, — sondern imponirte ihm nur als der Ausdruck einer harmonischen Gruppirung von Licht und Schatten. Es galt ihm mithin bei jedem Farbeneindruck die Empfindung des Hellen und Dunkeln für das Wichtigste und Bedeutsamste, der Farbenton selbst aber für etwas Nebensächliches und rein Secundäres.

Aehnlich waren dem Plato das Weisse, d. h. das Lichtreiche, und das Dunkle Hauptfarben; aber er sah in ihnen auch noch gewisse Beziehungen zum Göttlichen; denn er sagt z. B. De republica. Lib. V. 474: „Die Braunen (nämlich die Knaben), sehen männlich aus, die Blonden aber sind Göttersöhne", eine Bemerkung, mit welcher auch diejenige de Legibus XII. 956 a. übereinstimmt.

Ja bei anderen griechischen Philosophen begegnen wir sogar den unmittelbarsten Hinweisen auf eine ursprüngliche farbenlose Zeit; so namentlich z. B. bei Anaxagoras,[2] welcher ausdrücklich bemerkt, dass es anfänglich eine Zeit gegeben habe, wo noch keinerlei Farben existirten.[3]

Hiernach scheint es, als ob die Erinnerung an jene ursprüngliche farbenlose Zeit im griechischen Alterthum noch eine ziemlich lebhafte und deutliche gewesen sei und für die griechische Welt lange nicht einen so befremdlichen Character als für unsere moderne Zeit gehabt habe.

Ja selbst die gegenwärtige Functionsfähigkeit unserer Netzhaut spricht sehr deutlich für unsere Behauptung, dass in gewissen früheren Perioden die Empfindlichkeit für Farben noch vollständig gefehlt haben müsse. Denn die Fähigkeit, Farben zu empfinden, ist auch heutzutage noch nicht allen Theilen der Netzhaut in der gleichen Weise eigenthümlich, vielmehr beschränkt sich dieselbe hauptsächlich nur auf einen mehr oder minder ausgedehnten centralen Theil derselben; während die peri-

---

[1] Helmholtz. Handbuch der physiologischen Optik. Leipzig 1867. §. 19. p. 267.

[2] Anaxagoras aus Clazomenä, geb. 500 v. Chr., gest. 427.

[3] Mullach. Fragmenta phil. graec. Vol. 1. p. 250.

phere Netzhautzone eine höchst ausgeprägte Trägheit der Farbenempfindung zeigt. Die in dem mittleren Theil der Netzhaut sich sehr kräftig bemerkbar machende Empfindung eines jeden Farbentones wird gegen die Netzhautperipherie hin nicht blos auffallend schwächer, sondern verschwindet schliesslich völlig und an dem farbigen Object wird nicht mehr dessen Farbenwerth unterschieden, sondern dasselbe imponirt dem Auge nur vermittelst der ihm eigenthümlichen Lichtstärke; sodass daher jede Farbe in gewissen peripherischen Bezirken der Netzhaut als mehr oder minder ausgesprochenes Grau erscheint. Wenn wir also beobachten, dass der Zustand, welchen wir als den ursprünglich der gesammten Netzhaut eigenthümlichen vorausgesetzt haben, noch heute für gewisse Netzhautbezirke der physiologische ist: so wird unsere Behauptung, dass dieser Zustand in früheren Perioden nicht blos auf einzelne Bezirke der Netzhaut beschränkt, sondern allen Theilen derselben eigenthümlich gewesen sei, gewiss erheblich an Wahrscheinlichkeit gewinnen. Wenigstens wird man nicht bestreiten können, dass gerade auf Grund dieser unserer Behauptung der von der Philologie festgestellte Entwickelungsgang des Farbensinnes mit den noch heute herrschenden physiologischen Eigenthümlichkeiten der Netzhaut in dem engsten Zusammenhange stehe.

Wenn uns daher die im Vorhergehenden erörterten Thatsachen zu der Annahme geführt haben, dass in einer gewissen ursprünglichen Periode der menschlichen Entwickelung die Netzhaut an dem sie treffenden Lichtstrahl nur dessen Quantität, aber noch nicht dessen Qualität zu empfinden vermocht habe: so würde nunmehr die Untersuchung der Frage erübrigen, durch welchen physiologischen Vorgang die Retina schliesslich dahin gelangt sei, neben der Quantität nun auch die Qualität des Lichtes, also dessen verschiedene Färbung, mittelst eines gesonderten und selbstständigen Empfindungsvorganges zu erkennen. Versuchen wir in Folgendem unsere Ansichten über diesen Punkt zu entwickeln.

Die Netzhaut, so stellen wir uns vor, wurde durch die unausgesetzt und unaufhörlich auf sie eindringenden Lichtstrahlen allmählich in ihrer Leistungsfähigkeit erhöht und in ihrer Reactionsfähigkeit wesentlich verfeinert. Die unablässig und unermüdlich gegen sie anprallenden und mit mehr oder minder grosser Intensität gegen sie schwingenden Aethertheilchen haben durch den Reiz, den sie in dieser Weise fortwährend auf die sensitiven Organe der Netzhaut ausübten, deren Thätigkeit allmählich erhöht und ihre Functionsfähigkeit auf eine vollkommenere Stufe geführt.[1]

---

[1] Die Art und Weise dieses Vorganges, die organischen Veränderungen, mittelst deren die Netzhaut von der niedrigeren auf eine höhere Stufe ihrer Leistungs-

In unmittelbarer Folge dieser gesteigerten und verfeinerten Functions-
möglichkeit gewann die Netzhaut die Fähigkeit, an dem sie treffenden
und erregenden Lichtstrahl neben dessen Lichtstärke auch noch dessen
Farbe zu unterscheiden. Im Lauf jener uranfänglichen Periode also, in
welcher noch keine Farben gesehen wurden, verstärkte sich die physiologische Grundanlage der Netzhaut durch den unablässig auf sie wirken-
den Reiz der Lichtstrahlen nach und nach so weit, dass neben der bis
dahin allein bestehenden Empfindung des Hellen und Dunklen auch
noch die des Farbigen Platz zu greifen begann. Natürlich werden die
ersten Aeusserungen des auf diese Weise geweckten Farbensinnes noch
sehr unvollkommene und primitive gewesen sein müssen, welche mehr
auf eine unbestimmte Vorstellung des Farbigen überhaupt beschränkt
blieben, als zu wirklichem Empfinden und klarem Fühlen des Farbentones erstarkten. [1]

––––––––––––––

fähigkeit erhoben wurde, entziehen sich vor der Hand noch unserer Erkenntniss.
Augenblicklich wissen wir nur so viel, dass in der Netzhaut wirklich organische
Veränderungen lediglich durch die Lichtwirkung hervorgerufen werden (Kühne zur
Photochemie der Netzhaut. Heidelberg 1877.)

[1] Wenn Herr Prof. Steinthal in der soeben erschienenen jüngsten Auflage
seines Werkes: Der Ursprung der Sprache. Berlin 1877. p. 207 u. 208 die Möglichkeit einer dauernden fortschrittlichen Entwickelung des Farbensinnes nicht allein
vollständig in Abrede stellt, sondern sogar schon die blosse Frage nach der Ent-
wickelungsfähigkeit desselben für einen Verstoss gegen die Logik erklärt: so müssen
wir offen gestehen, dass wir die Schlüsse und Behauptungen des genannten Herrn
mit den gegenwärtig herrschenden naturwissenschaftlichen Anschauungen auf keine
Weise in Uebereinstimmung zu bringen vermögen. Herr Steinthal scheint es gar
nicht einmal zu wissen, dass er mit seinen kühn in die Welt geschleuderten Behauptungen, zu denen ihn hauptsächlich eine ungerechtfertigte Abneigung gegen den
genialen Geiger verleitet zu haben scheint, den Ergebnissen der gesammten modernen Naturwissenschaften den Fehdehandschuh hinwirft und es wagt, die Errungen-
schaften derselben gerade in ihren wichtigsten Punkten für null und nichtig zu
erklären. Und wenn wir uns auch nicht für berufen erachten, die schätzens-
werthen sprachwissenschaftlichen Arbeiten Steinthal's einer Kritik zu unterziehen:
so halten wir uns doch für berechtigt, die Streifzüge desselben auf naturwissen-
schaftlichem Gebiete einer Kritik zu unterwerfen; besonders wenn derselbe den Versuch macht, eine Frage von so hervorragender physiologischer und psychologischer Wich-
tigkeit, wie die nach der Entwickelung unserer Sinnesthätigkeiten, aus der Welt zu de-
cretiren. Gerade die Erkenntniss, welche die heutige Naturwissenschaft mit vollstem
Recht als einen ihrer grössten Triumphe feiert, dass der thierische Organismus in seinen
Formen und Functionen nicht in ewig unumstössliche und feste Banden geschlagen sei,
sondern gemäss der auf ihn einwirkenden äusseren Verhältnisse eine lange Reihe
bunter und mannigfaltiger Entwickelung aufzuweisen habe, übersieht Steinthal vollständig; wenn er über die von Geiger behauptete Entwickelungsmöglichkeit des
Farbensinnes sich in folgenden Aeusserungen ergeht (p. 207 u. 208): „Geiger sagt:
(Vortr. S. 45) „Hat das menschliche Empfinden, hat die Sinneswahrnehmung eine

Sonach ist physiologisch die Behauptung, dass die Netzhaut nur in Folge des fortwährenden Reizes, den die lebendige Kraft des Lichtes auf sie ausgeübt hat, in den Besitz des Farbensinnes gelangt sei, durchaus berechtigt. Wir begegnen hier nur derselben Thatsache, die wir bei allen

Geschichte? Ist in den menschlichen Sinnesorganen vor Jahrtausenden alles ebenso verlaufen, wie es heute verläuft, oder ist vielleicht eine ferne Urzeit nachweisbar, in welcher diese Organe zu manchen ihrer gegenwärtigen Verrichtungen unfähig gewesen sein müssen? Diese Fragen sind an sich physiologische." Gewiss, und ich möchte hinzufügen ausschliesslich physiologische, — wenn es überhaupt Fragen sind. Denn nicht nur haben die Namen der Farben mit denselben nichts zu thun welche eben psychologische Gegenstände sind, sondern jene Fragen sind logisch falsch gestellt. Dieses Organ ist so beschaffen, dass es diese Verrichtung üben muss. Ein Organ, welches zu dieser Verrichtung unfähig ist, ist eben nicht dieses Organ, sondern ein anderes. Im Auge der Insecten verläuft nicht alles ebenso wie im Auge des Menschen: es ist ein anderes Organ; und wenn gewisser Wesen Augen zu Verrichtungen unfähig waren, zu welchen die unsrigen fähig sind, so hatten dieselben eben kein menschliches Auge; und der Naturforscher wird ein Wesen ohne menschliches Auge nicht für einen Menschen halten. Natürlich wird Gesundheit vorausgesetzt."

Muss man auf diese Aeusserungen hin nicht annehmen, dass Steinthal eine absolute Unveränderlichkeit eines jeden unserer Organe voraussetze und ihnen die Möglichkeit, sich entsprechend den auf sie einwirkenden äusseren Verhältnissen zu modificiren, vollständig aberkennt. Zu welchen Widersprüchen die soeben wörtlich angezogenen Aeusserungen Steinthal's denselben mit den modernen Naturwissenschaften bringen müssen, darf ich meinen Lesern wohl nicht erst näher auseinandersetzen. Ein Jeder, welcher den brennendsten Tagesfragen der Naturwissenschaften nicht allzufern steht, wird sich dies selbst zu sagen vermögen. Aber auch zu den gröbsten Lächerlichkeiten führen die Steinthal'schen Sätze. Hören wir z. B., wohin die Behauptung unseres Autors: „Wenn gewisser Wesen Augen zu Verrichtungen unfähig waren, zu welchen die unsrigen unfähig sind, so hatten dieselben kein menschliches Auge" in ihren Consequenzen uns nothwendigerweise bringen würde. Nach den Untersuchungen von Cuignet (ann. d'Oculist. B. LXVI. p. 17) entwickelt sich das Sehvermögen des Kindes bekanntlich ganz allmählich; in den ersten Wochen beschränkt sich die Empfänglichkeit der Netzhaut auf centrale Theile, um dann nach und nach auch auf die peripherischen Bezirke derselben sich auszudehnen und im fünften oder sechsten Monat erst zu der definitiven Form des Gesichtsfeldes zu gelangen. Aehnliche Beobachtungen habe ich über das Farbensehen kleiner Kinder gemacht; hält man ihnen grelle, lichtreiche Farbentöne, etwa Roth, vor, so fixiren sie dieselben alsbald, während sie dagegen die lichtschwächeren, sowie die sogenannten unbestimmten Farben vollständig ignoriren. Noch bei Kindern von 1 Jahr und darüber kann man eine auffallende Gleichgültigkeit gegen alle unbestimmten Uebergangsfarben beobachten. Erst unter dem Einfluss des Lichtes auf die Netzhaut entwickelt sich dieselbe zu der Höhe ihrer Functionsfähigkeit, welche wir an dem erwachsenen Individuum finden. In besonders belehrender Weise hat das enge Wechselverhältniss, das zwischen der Höhe der Entwickelung des Auges und dem Lichteinfluss besteht, Dr. Joseph (Virchow und Holtzendorf. Sammlung gemeinverständlicher wissenschaftlicher Vorträge. Heft 228) untersucht und auf das

Organen antreffen; der Thatsache nämlich, dass die Leistungsfähigkeit
eines jeden Organs unter dem Gebrauch allmählich sich steigere und in ihrem
Umfange ganz wesentlich erweitere. Diese längst bekannte und durch un-
zählige Beispiele bewiesene allgemeine Thatsache ist in Wahrheit auch
für den Farbensinn bereits von einzelnen Autoren anerkannt worden.
So glaubt z. B. v. Bezold,[2]) dass das weibliche Geschlecht im Allgemeinen einen vollkommner entwickelten Farbensinn besitze, als das männ-
liche und führt diese Erscheinung auf eine grössere und frühzeitiger be-
gonnene Uebung des Farbensinnes bei dem weiblichen Geschlecht zurück,
wenn er sagt: „Bei Frauen kommt der Mangel des Farbensinnes seltener
vor, als bei Männern, so dass man wohl nicht unrecht hat, wenn man
dem weiblichen Geschlecht im allgemeinen einen vollkommener entwickelten Farbensinn zuschreibt. Sollte das bei Mädchen so frühzeitig auftretende Interesse an kleidsamer Tracht etwa zur Ausbildung dieses
Sinnes beitragen?“ Kurz nach allem dem dürfen wir unsere Ansicht
von der Entwickelung des Farbensinnes aus dem Lichtsinn, oder genauer
aus dem durch die Lichteindrücke ununterbrochen erhaltenen Erregungszustand der Netzhaut, als eine physiologisch unbedenkliche ansehen

---

Ueberzeugendste nachgewiesen; dass das Auge in seiner Form und Function durchaus nicht an starre, ewig unveränderliche Formen gebunden sei, sondern, ebenso
wie der übrige Organismus, gemäss den einwirkenden äusseren Verhältnissen sich
entwickele. Es kann hiernach also sehr wohl das Auge einer späteren Generation
erheblich andere Functionsmöglichkeiten aufzuweisen haben, wie das einer früheren.
Allein nach Steinthal soll dies völlig unmöglich sein, da er ja sogar sagt: „Wenn
gewisser Wesen Augen zu Verrichtungen unfähig waren, zu welchem die unsrigen
fähig sind, so hatten dieselben kein menschliches Auge;“ mithin kann das arme
Kind, dessen Augen in den ersten Lebensmonaten unfähig sind zu den Verrichtungen, die sie späterhin mit Leichtigkeit ausüben, überhaupt gar nicht im Besitz
von menschlichen Augen sein. Ja noch mehr, da nach Herrn Steinthal ein Naturforscher ein Wesen ohne menschliches Auge nicht für einen Menschen halten kann,
so würde nach ihm ein Kind überhaupt kein Mensch sein.
    Uebrigens mildert sich der Zorn, den Herr Steinthal gegen alle die gefasst zu
haben scheint, die an eine fortschrittliche Entwickelung des Farbensinnes zu glauben wagen, vielleicht in Etwas durch die Thatsache, dass bereits sich bei Goethe
Spuren der Annahme einer fortschrittlichen Entwickelung des Farbensinnes vorfinden. Sagt er doch schon geradezu, dass in früheren Perioden das Blau dem
Schattigen beigezählt wurde; worin aber doch gewiss die verdeckte Andeutung liegt,
dass auch er geglaubt habe, das Blau sei in jenen Zeiten noch nicht durch eine
specifische Netzhauterregung empfunden worden, sondern vielmehr noch in der Vorstellung des Dunklen und Schattigen aufgegangen. — In vollends klarer Weise
aber spricht Gladstone, der bekannte Homerkenner, von der Entwickelung des Farbensinnes; wie wir dieses Gelehrten bereits oben ausführlich gedacht haben.
    [1]) v. Bezold. Die Farbenlehre im Hinblick auf Kunst und Kunstgewerbe.
Braunschweig 1874, p. 152 u. 153.

und hätten dann nur noch die Frage zu beantworten, ob wir berechtigt seien, gerade den durch die Lichtintensität hervorgerufenen Reizzustand der Netzhaut für die ursprüngliche Entwickelung des Farbensinnes geltend zu machen. Dies aber glauben wir in der That ohne Weiteres bejahen zu können. Denn noch heute zu Tage, wo jene ursprüngliche Entwickelungsphase des Farbensinnes schon längst hinter uns liegt und Farben- und Lichtsinn als zwei völlig entwickelte Functionen der Netzhaut gelten, steht die Fähigkeit, Farben zu sehen und zu unterscheiden, immer noch in einem ganz zweifellosen Abhängigkeitsverhältniss von dem Erregungszustand, in den die sensitiven Netzhautelemente durch die Lichtintensität versetzt werden. Die Netzhaut verlangt, soll sie in den Stand gesetzt werden, Farbentöne durch einen klaren und deutlichen Empfindungsvorgang uns zum Bewusstsein zu bringen, auch heute noch einen gewissen Reiz von Seiten der Lichtintensität; während, wenn ihr derselbe nicht gewährt wird, sie darauf sofort mit einer mehr oder minder ausgesprochenen Functionsminderung des Farbensinnes antwortet. Ist die Lichtintensität gering, übt also der die Netzhaut treffende Lichtstrahl einen nur schwächlichen Reiz auf sie aus, so tritt damit auch alsbald eine sehr auffallende Beschränkung des Farbensinnes auf. Farben, welche bei mittlerer Lichtstärke ohne die geringste Schwierigkeit erkannt wurden, beginnen alsdann ihren characteristischen Farbencharacter sofort zu verlieren und in ein mehr oder weniger ausgesprochenes Grau überzugehen. Ein Jeder kann diese Erfahrung täglich an sich selbst machen; denn er wird im abendlichen Zwielicht, auch ohne im Besitz einer sonderlich geschärften Beobachtungsgabe zu sein, sofort bemerken, dass z. B. ein brennendes und grelles Roth seinen Farbenwerth so gut wie ganz verliert und dem Auge als ein unbestimmtes Grau erscheint. Dieser Zustand aber entspricht nach unserer Vorstellung durchaus dem Zustand, in welchem sich die Netzhaut in den frühesten Perioden der Entwickelung befand. Denn wie wir im Zwielicht wohl das Vermögen besitzen, die Unterschiede in der Lichtintensität zu bemerken, aber nicht mehr im Stande sind, die einzelnen Farbentöne genau als solche zu erkennen, so war auch in jenen ältesten Phasen die Netzhaut nur auf die Leistungen des Lichtsinnes beschränkt.[1]

---

[1] Ausgehend von der Ansicht, dass in den frühesten Perioden unserer Entwickelung die Leistungsfähigkeit der Netzhaut eine nur auf die Aeusserungen des Lichtsinnes beschränkte war, also nur ausreichte, um die verschiedenen Intensitätsgrade des Lichtes zu unterscheiden, nicht aber mehr genügte, um die verschiedenen Farbentöne zu erkennen, neigen wir der Ansicht zu, dass jene Fälle von angeborener, vollständiger Farbenblindheit, in denen also eine absolute Unfähigkeit, Farben zu sehen, besteht, als eine Art von Atavismus angesehen werden müssen. Es

Es reicht somit das Gesetz, welches wir bei der ursprünglichen Entwickelung des Farbensinnes als thätig voraussetzten und wonach der Farbensinn unmittelbar aus dem durch die Lichtintensität hervorgegangenen grösseren Erregungszustand der sensitiven Netzhautelemente sich entwickelte, wenigstens in gewissen Beziehungen auch noch bis in unsere heutige Zeit hinein.

Wenden wir uns nun der anderen Frage zu, welche wir Eingangs dieses Kapitels aufwarfen und welche lautete:

Wie hat sich, nachdem die Entwickelung des Farbensinnes eingeleitet und angeregt worden war, der weitere Verlauf derselben gestaltet?

so dürfen wir auf dieselbe am Ehesten eine befriedigende Antwort erwarten, wenn wir daran festhalten, dass der ursprüngliche Anstoss zur Entwickelung des Farbensinnes in dem Reizzustand lag, in welchen die Netzhaut durch die ununterbrochen gegen sie andringenden Aethertheilchen versetzt ward. Denn da dieser Reizzustand ein Effect des Stosses ist, mit welchem das in der Lichtwelle schwingende Aethertheilchen an die Netzhaut anprallt: so muss natürlich auch die Grösse und Intensität dieses Reizzustandes zu der Stärke des Stosses, mit welcher der bewegte Aether die Netzhaut erschüttert, in einem sehr engen Abhängigkeitsverhältniss stehen. Je kräftiger und energischer der Stoss des schwingenden Aethers gegen die sensitiven Theile der Netzhaut erfolgt, um so bedeutender wird die reactive Erregung derselben sein müssen. Wir werden hiernach also voraussetzen dürfen, dass diejenigen Farben, welche vermittelst eines sehr energischen Stosses die Netzhaut erschüttern, welche also, physikalisch gesprochen, die grösste lebendige Kraft besitzen, auch am Ehesten von derselben empfunden werden. Denn durch ihren grossen Reichthum an lebendiger Kraft mussten sie ja die Netzhaut in einen viel ausgesprocheneren und umfangreicheren Erregungszustand versetzen, als die Farben, welche nur eine geringe lebendige Kraft besitzen. Sonach sind wir, auf Grund unserer Voraussetzung, dass der Farbensinn

---

scheint bei derartigen Individuen der Entwickelungsgrad der Netzhaut auf jenem ursprünglichen Zustand stehen geblieben zu sein, welchen dieselbe in den frühesten Perioden des Menschengeschlechtes als den ihr ausschliesslich zukommenden eingenommen hat. Ob bei dem Zustandekommen derartiger atavistischer Netzhautanomalien etwa erbliche äussere Einflüsse eine Rolle spielen, wage ich nicht zu entscheiden; nur bemerken will ich, dass ich in einem Falle bei den beiden einzigen Kindern eines höheren Beamten eine vollständig angeborene Farbenblindheit beobachtet habe.

durch den Reiz, welchen die gegen die Netzhaut anprallenden Aethertheilchen bedingen, geweckt worden sei, zu dem ferneren Schluss ge-
nöthigt, dass sich die Empfänglichkeit für die einzelnen Farbentöne nach
Maassgabe der ihnen innewohnenden lebendigen Kraft entwickelt haben
müsse; also für die an Kraft besonders reichen Farben zuerst, für die
an letzterer armen aber später. Für diese Annahme, welche sich als
nothwendige Folge unserer Vorstellung von der ursprünglichen Entwickelung des Farbensinnes überhaupt ergeben hat, bietet sich in dem that-
sächlichen Entwickelungsgang desselben, wie wir ihn im Vorhergehenden gefunden haben, die vollste Bestätigung. Denn die Ausbildung und
Entwickelung des Farbensinnes ist wirklich in der Weise vor sich gegangen, dass die Empfänglichkeit für die an lebendiger Kraft besonders
reichen Farbentöne Roth und Gelb zuerst aufgetreten, die anderen Farben sich aber in der Reihe angeschlossen haben, dass immer die lichtreichen sich früher als die lichtschwächeren fühlbar gemacht haben. Infolge dessen hat sich denn auch der Entwickelungsgang des Farbensinnes
streng an die im Prisma auftretende Reihenfolge der Farben gehalten
und mit den an lebendiger Kraft reichen, dem rothen Ende des
Spectrums angehörigen Farben angefangen, um mit den dem blauen
Ende zugehörigen lichtschwachen Farben zu schliessen. Doch wollen wir,
wenn wir von einem Schluss der Entwickelung des Farbensinnes sprechen,
damit nicht behaupten, dass die Ausbildung desselben mit der Höhe,
die er gegenwärtig erlangt hat, auch vollendet sei und ihren naturge-
mässen gänzlichen Abschluss erreicht habe; im Gegentheil, wir möchten
viel eher glauben, dass im Lauf der kommenden Zeiten der Farbensinn
eine noch weitere Ausbildung erfahren und sich über das äusserste heute
sichtbare violette Ende des Spectrum noch in das Gebiet des Ultra-
violetten hineinerstrecken werde; kurz unsere Nachkommen vielleicht
auch da noch einen characteristischen und specifischen Farbenton zu
unterscheiden im Stande sein werden, wo für unser Auge der Farbencharacter des Spectrum's völlig erlischt. Wenigstens spricht die dauernde,
fortschrittliche Entwickelung, welche die Empfänglichkeit für Farben in
der historischen Zeit aufzuweisen hat, dafür, dass der Farbensinn noch
nicht am Ende seiner Leistungsfähigkeit angelangt, vielmehr auch ihm
noch eine weitere Ausbildung in Aussicht gestellt sei. Ohnehin möchten
wir glauben, dass die Empfindlichkeit namentlich für das Violett auch
heute noch in dem Stadium der Entwickelung begriffen sei; da sich
beobachten lässt und wir auch schon vorhin andeuteten, dass das Unterscheidungsvermögen für gewisse Töne des Blau und Violett ein noch
ziemlich schwankendes und nur ungenügend geschärftes sei. Denn
nicht selten hört man von dem Einen einen Farbenton als Violett be-

zeichnen, den der Andere für Blau hält. Eine Erscheinung, deren Grund
wir lediglich darin suchen möchten, dass der Farbensinn hinsicht-
lich des Violett, auch jetzt noch nicht vollständig ausgebildet sei, sondern vielmehr gegenwärtig im Begriff stehe, die Schlussphase der Empfänglichkeit für Violett zu erreichen. Ja wir müssen endlich sogar auch die
Möglichkeit zulassen, dass die peripheren Netzhautbezirke, welche gegenwärtig für jede Farbenempfindung so gut wie unempfindlich sind, in
späteren Perioden auf eine ähnliche Höhe der Farbenempfindung gelangen können, wie sie heute zu Tage nur den mittleren Netzhautparthien
eigenthümlich ist. Wir stimmen deshalb auch Schön[1]) vollkommen bei,
wenn derselbe meint, es sei anzunehmen, dass sämmtliche Farbenein-
eindrücke auch in der äussersten peripherischen Randzone der Netzhaut
empfunden werden können, wenn die geringere peripherische Erregbar-
keit nur durch stärkere Reize ersetzt werde. Aus diesem Grunde dürfen
wir uns denn unbedenklich zu der Annahme hinneigen, dass die gegenwärtige Form des Gesichtsfeldes der verschiedenen Farben nur als ein
Ergebniss der noch nicht vollendeten und zum Abschluss gelangten
Entwickelung des Farbensinnes aufzufassen sei und dass eine Zeit kommen werde, in welcher die heute noch so beschränkten farbigen Ge-
sichtsfelder eine um Vieles bedeutendere räumliche Ausdehnung zeigen
werden; wobei wir uns namentlich auch auf die Arbeiten von Cuignet[2])
und Roustan[3]) stützen, nach denen die Form des Gesichtsfeldes im
Wesentlichen nur durch den reizenden und erregenden Einfluss des
Lichtes auf die Netzhaut bedingt wird.

Uebrigens lassen sich gewisse Anklänge an den von uns soeben
characterisirten Entwickelungsgang des Farbensinnes auch noch heute
beobachten. So ist die Erscheinung, dass in allen südlichen Ländern
eine ganz entschiedene Vorliebe für brennende und lebhafte Farben
herrscht, während dagegen in nördlicher gelegenen Gegenden unbedingt
die gemässigten Farbentöne bevorzugt werden, eben nur dadurch zu erklären, dass die an grellen Lichteffecten so ungemein reiche Atmosphäre
jener südlichen Länder die Netzhaut in einen um Vieles stärkeren Erregungszustand versetzt, als der lichtschwächere Himmel gemässigterer
Breiten. Der berühmte Aquarellmaler Hildebrandt,[1]) dem gewiss in Beurtheilung der Farbeneffecte Niemand ein sicheres und verlässliches Ur-

[1]) Schön. Die Lehre vom Gesichtsfelde. Berlin 1874. p. 15.
[2]) Annales d'Ocul. LXVI. p. 17.
[3]) Roustan. Traitement par la lumière. Montpellier 1874. p. 42 ff.
[1]) Hildebrandt's Reise um die Erde. Herausgegeben von Kossak. Berlin
1867. B. 1. p. 20.

theil bestreiten wird, bemerkt denn auch über die Neigung der Südländer für lebhafte Farben sehr treffend: „Die leuchtende Atmosphäre und der von Reflexen strahlende Erdboden fordert den Menschen zu einer Berichtigung der Natur heraus." Mithin leuchtet ein, dass auch noch gegenwärtig die Eigenartigkeit und Functionsfähigkeit des Farbensinnes zum guten Theil durch den Lichtgehalt der Atmosphäre bestimmt und geregelt werde und dass die Netzhaut überall da, wo sie unter einem sehr starken und energischen Lichtreiz steht, sich in ihrer Leistungsfähigkeit erhöhe, indem sie Farbentöne, welche unter anderen Verhältnissen als allzu stark reizende und erregende ohne Unbequemlichkeiten nicht auf die Dauer ertragen werden, nicht allein ohne Beschwerde aushält, sondern an denselben auch ein ganz besonderes Wohlgefallen findet. Eine Erscheinung, die sehr deutlich zu Gunsten unserer Annahme spricht, dass die ursprüngliche Entwickelung des Farbensinnes wesentlich unter dem Einfluss des Reizes erfolgt sei, welchen die Lichtstärke auf die Netzhaut fortwährend ausgeübt hat und dass auch in dem weiteren Verlauf des Entwickelungsganges das gleiche Gesetz thätig gewesen sei, indem die an starken Lichtreizen reichen Farbentöne sich früher und vor den an derartigen Reizen ärmeren Farben fühlbar gemacht haben.

Werfen wir zum Schluss unserer Betrachtung nun noch einen Rückblick auf deren Ergebnisse: so lassen sich dieselben kurz in folgenden Gesetzen zusammenfassen:

1) Es hat in der menschlichen Entwickelungsgeschichte eine Periode gegeben, in welcher nur der Lichtsinn vorhanden war, der Farbensinn aber noch vollständig fehlte.

2) Aus dem Lichtsinn hat sich urspsünglich erst der Farbensinn entwickelt, indem sich durch den Reiz, welchen das Licht fortdauernd auf die sensitiven Organe der Netzhaut ausübte, die Leistungsfähigkeit der letzteren allmählich soweit erhöhte und verfeinerte, dass sie an dem sie erregenden Lichtstrahl nicht mehr blos dessen Intensität, sondern auch dessen Färbung zu unterscheiden und zu empfinden vermochten.

3) Die Zeit, welche die verschiedenen Farbentöne gebraucht haben, um sich der Netzhaut als specifischen Eindruck bemerkbar zu machen, verhält sich umgekehrt proportional wie ihr Gehalt an lebendiger Kraft, d. h. je grösser der Gehalt an lebendiger Kraft war, um so früher ge-

lang es dem betreffenden Farbenton, als solcher von der Netzhaut
aufgenommen und empfunden zu werden; je geringer dagegen der Gehalt an lebendiger Kraft sich zeigte, um so später gelangte die Netzhaut
zu der Fähigkeit, den betreffenden Farbenwerth zu erkennen und zu
empfinden. Die lichtreichen Farben brauchten also eine kürzere, die
lichtarmen eine längere Zeit, um als characteristische Empfindungsvorgänge der Netzhaut sich geltend zu machen.